暮らしのルールブックの使い方

ともに学ぼう、楽しく生きていくために守ること

社会福祉法人　南高愛隣会
共生社会を創る愛の基金

JN025192

はじめに

　本書は『暮らしのルールブック〜楽しく生きていくために守ること〜』（以下『ルールブック』）を使って、知的障がい・発達障がい等のある人と一緒に、「してはいけないこと（犯罪）」「気をつけたいこと」を学ぶためのワークの実施方法をまとめたものです。

　社会の中で暮らしていくためには守らなければいけない「ルール（法律）」があります。知的障がい・発達障がい等のある人の中には、その特性やこれまでの生きづらさによって、ルールを知らない、もしくは理解できないために、犯罪の加害者や被害者になってしまう人がいます。一方で、「ルール違反をしないこと」に重きをおくあまり、いろいろな可能性を排除してしまう、例えば携帯電話を持たせないことで「安全」な環境を作られてしまい、新しいことや楽しいことにチャレンジする機会を得ることが難しいような生活になってしまう人もいます。当事者にとっては、それは幸せではありません。

　こうした思いから、障がいのある方がルールを学び、社会の中で楽しく生きるための助けになることを目指して制作されたのが『ルールブック』です。2011 年の出版後、障がい者雇用をしている大企業から子どもと一緒に勉強するというお母さんまで、のべ4 万冊以上が購入されました。

　出版後、「『ルールブック』を使ってどうやって学んだらよいかわからない」という声が多数、寄せられました。これを受けて、社会福祉法人　南高愛隣会で実施している学習活動を土台に、全国どこでも『ルールブック』を使った学習ができるように作成したのが本書です。

　社会の中で楽しく生きていくことは、様々なリスクと背中合わせです。本書ならびに『ルールブック』が、リスクを軽減し、社会の中で楽しく生活していくための一助になれば幸いです。

2021 年 3 月

編集委員一同

本書の特長と使い方

本書の内容
- ■ 『ルールブック』を使ったワークの仕方が分かる本。

> ※ 『ルールブック』はこんなことを目的とした本です。
> ① 「してはいけないこと（犯罪）」、「気をつけたいこと」を知る。
> ②加害・被害ともに犯罪に巻き込まれる危険のあることを知る。
> ③どうすればいいのかを考えるきっかけを作る。

想定する対象者
- ■ 知的障がい、発達障がいのある方で、言語や文字でのコミュニケーションが可能な方。

本書の特長
- ■ 本書にそってワークを進めることで、『ルールブック』にそった学習ができます。
- ■ 1つのイラストに1つのワークがあります。使いたいイラストごとに利用いただけます。
- ■ 支援者向けに、各章の目的、知ってほしい知識を、各章の冒頭や途中のコラムにまとめています。

使い方
- ■ 本書はワーク参加者が1人1冊『ルールブック』を持っていることを前提にした構成になっています。次ページのアドレスからご購入して活用下さい。
- ■ ワーク実施者1名に対して参加者2〜3名を想定しています。
- ■ イラストごとにワークシートがあります。ワークシートは、次ページのQRコードからダウンロードしてください。

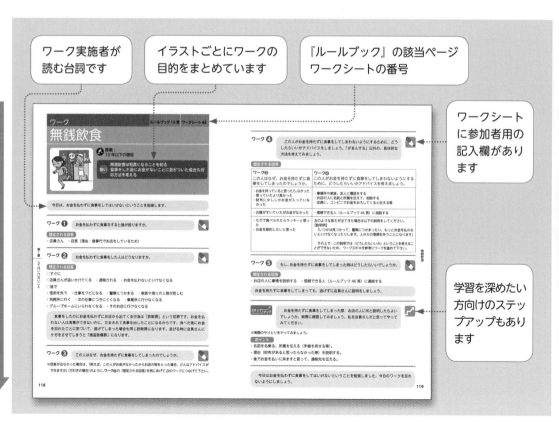

- ワーク実施者が読む台詞です
- イラストごとにワークの目的をまとめています
- 『ルールブック』の該当ページ ワークシートの番号
- ワークシートに参加者用の記入欄があります
- 学習を深めたい方向けのステップアップもあります

ワークの番号に添って学習を進めて下さい。

注意点

■『ルールブック』および本書の使用にあたっては、以下の点に気をつけてください。

①ともに学んでください：

「ワーク実施者が教える」のではなく、「一緒に考える」「一緒に悩む」ことを大切にしてください。

②迎合性を高める可能性があります：

『ルールブック』の各イラストに「×」がついていること等から、ワーク参加者は「してはいけないと答えなければならない」「しないようにしなければならない」と考え、自分の気持ちや考えではなく、相手（ワーク実施者）が求めていることを答えてしまう可能性があります。そうならないような環境づくりをしてください。

例えば、以下のようなことに気をつけてください。

・「してはいけないこと」「×です」ということを強調せずに、なぜそうなってしまうかを一緒に考える。

・「こんな刑罰がある」「刑務所に行く」ことで「×」を理解してもらおうとしない。

③環境要因を意識してください

このワークは"ワーク参加者とともに考える"ことを前提としているため、本人を起点とした内容になっています。しかし実際には、犯罪等のルール違反に対しては、周りの環境を改善していくこともとても重要です。実際の支援場面ではまずは環境を変える工夫を忘れないようにしてください。

④経験者への配慮をしてください：

人によっては、自分の過去の行為、自分が受けた被害を思い出して、考えることができなくなることもあります。状況に合わせて中止するなど、それぞれの方への配慮を忘れないようにしてください。

『ルールブック』ご購入について
QRコードから注文してください。

ワークシートについて
QRコードからダウンロードしてください。

目次

暮らしの
ルールブック

楽しく生きていくために守ること

　7頁から20頁には参考のために『暮らしのルールブック』の縮小版を掲載します。実物は、カラー刷り46頁の冊子です。

はじめに

　私たちが、家族や友だち、近所の人や職場の人などと楽しく生活をしていくために、守らなければならないルールがあります。この本では、いろいろなルールや、知っておいた方がいいことについて書いてあります。

　内容は、次の3つです。

第❶章　してはいけないこと

　第1章に書いてあることをしてしまうと、悪いこと（犯罪）をしたことになり、警察に捕まって罰を受けることになります。とてもつらい思いをしなければならなくなります。

　「知らなかった！」とか、「そんな大変なことだと思わなかった！」ということがないようにしましょう。

第❷章　気をつけたいこと

　第2章に書いてあることは、気をつけておかないと、犯罪に巻き込まれたり、大きな事故を起こしたり、大変な損をしてしまう（お金をたくさんとられる）ことがあります。

　「軽い気持ちだったのに…」ということにならないようにしましょう。

第❸章　悪いこと（犯罪）をしたら…

　第3章は、悪いこと（犯罪）をした人がどうなるかということが書いてあります。

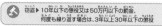
この本の特徴

❶ 悪いこと（犯罪）をしたらどうなるか（罰）がわかります。

 窃盗▶10年以下の懲役又は50万円以下の罰金、何度も繰り返す場合は、3年以上30年以下の懲役

　このように書いてある部分は、悪いこと（犯罪）をしたらどうなるか（罰）が書いてあります。

懲役・拘留：裁判で決められた期間、刑務所に閉じ込められる
拘留・懲役の期間：長いと30年
無期懲役の期間：ずっと（いつ出られるかわからない）
罰金・科料：裁判で決められたお金を払う

❷ 一緒に考えるところがあります。

 考えてみよう

　あなたなら、なんと言って断りますか？

「自分ならどうするかな？」と考えて、書いてみましょう。友だちや職場の人と考えてみてもいいかもしれません。

❸ 法律に詳しい弁護士さんがいろいろなことを教えてくれます。

一緒に勉強していきましょう！

もくじ

第❶章

してはいけないこと

1 ものを盗んではいけません

お店のものをとる
（万引き）

他の人の家に入って
お金やものをとる（空き巣）

道路や駐車場にある車の中から
お金やものをとる
（車上荒し）

歩いている人や
自転車のかごからものをとる
（ひったくり）

家族のお金をとる

友だちのお金やものをとる

会社のものを
持って帰る

他の人のロッカーから
お金やものをとる

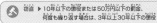
窃盗 ▶ 10年以下の懲役または50万円以下の罰金、
何度も繰り返す場合は、3年以上30年以下の懲役

置いてあるものや落ちているものを
さわったり、とったりしてはいけません

ゴミ置き場のもの

忘れ物

売れ残ったもの
消費期限切れのもの

賽銭

自動販売機のおつり

自転車

遺失物等横領 ▶ 1年以下の懲役または10万円以下の罰金もしくは科料
窃盗 ▶ 10年以下の懲役または50万円以下の罰金、
何度も繰り返す場合は3年以上30年以下の懲役

こういうことも、ものを盗むのと同じで
してはいけません

他の人の
社員証・カードを使う

他の人の
携帯電話やスマホを使う

他の人の名前（アカウント）を使って
ネットで買い物をする

コンビニや本屋で雑誌を
携帯電話やスマホで撮影する

こういうことも、してはいけません

暴力をふるったり、脅したりして
お金をとる（カツアゲ）

ウソをついてお金をとる

強盗 ▶ 5年以上30年以下の懲役
恐喝 ▶ 10年以下の懲役

詐欺 ▶ 10年以下の懲役

考えて
みよう
欲しいものを買うために、
お金が足りなかったらどうしますか？

ものをとることが、とても重い犯罪になることがあります。

万引き（窃盗）

ひったくり（窃盗）

追いかけてきた人をふりはらったら
転んでケガ

ひったくられたときに転んでケガ

逮捕

逮捕

強盗致傷

強盗致傷

強　盗 ▶ 5年以上30年以下の懲役
強盗致傷 ▶ 無期または6年以上30年以下の懲役
強盗致死 ▶ 死刑または無期懲役

6

7

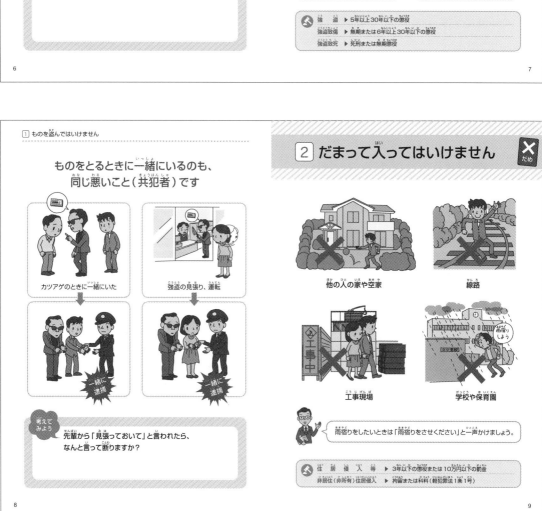

ものをとるときに一緒にいるのも、
同じ悪いこと（共犯者）です

カツアゲのときに一緒にいた

強盗の見張り、運転

一緒に
逮捕

一緒に
逮捕

考えて
みよう
先輩から「見張っておいて」と言われたら、
なんと言って断りますか？

2 だまって入ってはいけません

だめ

他の人の家や空家

線路

工事現場

学校や保育園

雨宿りをしたいときは「雨宿りをさせてください」と一声かけましょう。

住居侵入等 ▶ 3年以下の懲役または10万円以下の罰金
非居住（非所有）住居侵入 ▶ 拘留または科料（軽犯罪法1条1号）

8

9

10

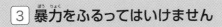

③ 暴力をふるってはいけません

なぐる
蹴る
もので叩く
ものを投げる
ものでつつく

暴　　行	▶ 2年以下の懲役もしくは30万円以下の罰金または拘留もしくは科料
傷　　害	▶ 15年以下の懲役または50万円以下の罰金
傷害致死	▶ 3年以上の懲役

恋人や家族にも暴力をふるってはいけません

恋人に暴力をふるう

家族に暴力をふるう
（家庭内暴力：DV）

自分の子どもに暴力をふるう
（児童虐待）

もし、恋人や家族から暴力をふるわれたら、警察に相談しましょう。

10　　11

どんな理由があっても、暴力は暴力です。

あ、それオレのゲーム！
返せ！

暴力をふるって、自分のものを取り返す

何サボっていあんだ！

暴力をふるって、注意をする

考えて
みよう

友だちが自分のものをだまって使っていたら、
あなたならどうしますか？

ものを壊してはいけません

バスや電車のシートを切る

車を傷つける

落書きをする

店の看板やドア
家の壁や門を蹴る

会社やグループホームのものを壊す

| 建造物損壊 | ▶ 5年以下の懲役 |
| 器物損壊等 | ▶ 3年以下の懲役または30万円以下の罰金もしくは科料 |

12　　13

11

ケガをさせるつもりはなくても犯罪です

スマホを見ながら歩いていて
他の人にケガをさせてしまう

歩きながらタバコを吸っていて
他の人にやけどをさせてしまう

- 過失致死 ▶ 50万円以下の罰金
- 過失傷害 ▶ 30万円以下の罰金または科料

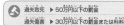
考えて
みよう

❶ あなたが暴力をふるいたくなるのは、どんなときですか？

❷ 暴力をふるいたくなったら、どうしますか？

---

④ 人をだましてはいけません ✗だめ

切符を買わずに乗り物に乗る
（無賃乗車）

大人なのに子ども料金で
乗り物に乗る

ものを食べて、お金を払わない
（無銭飲食）

自分の契約なのに
他の人の名前で契約をする

- 詐欺 ▶ 10年以下の懲役
- 文書偽造 ▶ 3か月以上5年以下の懲役

お金をコピーしてはいけません
もちろん、コピーしたお金を使ってもいけません

お金だけではありません
こういうものも、コピーしてはいけません
コピーしたものを使ってもいけません

定期券・回数券

コンサートや映画
スポーツ観戦のチケット

商品券

- 通貨偽造・偽造通貨行使 ▶ 無期または3年以上30年以下の懲役
- 有価証券偽造・偽造有価証券行使 ▶ 3か月以上10年以下の懲役

頼まれてすることが犯罪になることがあります

このカードで
お金をおろしてきて

頼まれる

お金をおろす

渡す

○○さんの家に行って
封筒を預かってきて

頼まれる

封筒を預かる

渡す

詐欺

オレオレ詐欺、振り込め詐欺の共犯者になってしまいます。

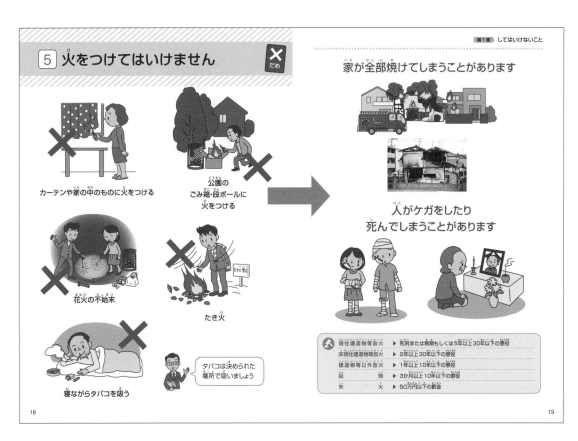

⑤ 火をつけてはいけません ✕ だめ

カーテンや家の中のものに火をつける

公園の
ごみ箱・段ボールに
火をつける

花火の不始末

たき火

寝ながらタバコを吸う

タバコは決められた
場所で吸いましょう

家が全部焼けてしまうことがあります

人がケガをしたり
死んでしまうことがあります

現住建造物等放火	▶	死刑または無期もしくは5年以上30年以下の懲役
非現住建造物等放火	▶	2年以上30年以下の懲役
建造物等以外放火	▶	1年以上10年以下の懲役
延焼	▶	3か月以上10年以下の懲役
失火	▶	50万円以下の罰金

⑥ 性犯罪をしてはいけません ✕ だめ

下着をとる

窃盗 ▶
10年以下の懲役または
50万円以下の罰金

強姦・レイプ

強制性交等罪 ▶
5年以上30年以下の懲役

強制性交等致死傷罪 ▶
無期または
6年以上30年以下の懲役

人の裸やスカートの中の
写真を撮る（盗撮）

条例違反 ▶
1年以下の懲役または
100万円以下の罰金（例：東京都条例）

のぞき

のぞき ▶
拘留または科料（軽犯罪法）

身体をさわる（痴漢）

抱きつく・キスをする

こんなことも痴漢になります。

イヤリングをさわる

髪をさわる、においをかぐ

服をさわる

条例違反	▶	6か月以下の懲役または50万円以下の罰金（例：東京都条例）
強制わいせつ	▶	6か月以上10年以下の懲役
強制わいせつ致死傷	▶	無期または3年以上30年以下の懲役

好きになってもルールを守ろう

後をついて回る
待ちぶせする

しつこく何回も
電話（無言電話）をかけたり、
メール・LINEを送ったりする

⚖ ストーカー行為 ▶ 1年以下の懲役または100万円以下の罰金（ストーカー規制法）

考えて
みよう　仲良くなりたい人がいたら、どうしますか？

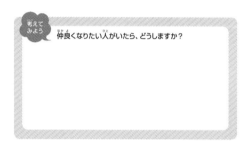

他の人の子どもと接するときは気をつけよう

からだをさわる・膝に座らせる

だまって連れていく

⚖ 未成年者略取誘拐 ▶ 3か月以上7年以下の懲役

人のいるところで裸になってはいけません

立小便

裸を見せる

服の中をさわる

⚖ 公然わいせつ ▶ 6か月以下の懲役または30万円以下の罰金
⚖ 軽犯罪法違反 ▶ 拘留または科料
⚖ 条例違反 ▶ 6か月以下の懲役または50万円以下の罰金（例：東京都条例）

---

7 ネット犯罪をしてはいけません ✕ だめ

イベントに爆弾を仕掛けた。
イベントを中止しろ。
（脅し）

ウソだけど

あの店は
ゴキブリだらけ！
（ウソを書く）

インターネットやTwitter、FacebookにウソをＳ書く

⚖ 業務妨害 ▶ 3年以下の懲役または50万円以下の罰金
⚖ 名誉毀損 ▶ 3年以下の懲役もしくは禁錮または50万円以下の罰金

○○は嫌な奴だ！
（悪口を書く）

殺してやる！
（殺害予告）

インターネットやTwitter、
Facebookなどに悪口を書く・脅す

インターネットに
違法にアップされている
映画や音楽をダウンロードする

⚖ 脅迫 ▶ 2年以下の懲役または
30万円以下の罰金

⚖ 名誉毀損 ▶ 3年以下の懲役もしくは禁錮
または50万円以下の罰金

⚠ 違法ダウンロード ▶
2年以下の懲役または200万円
以下の罰金（またはその両方）

ネットの書き込みは、みんなが見ています。ウソを書かれた相手
や脅した相手にお金を払わなければいけないこともあります。

8 刃物を持ち歩いてはいけません ✕ だめ

何人かで木刀やバットを
持っている

✕ 包丁やナイフをカバンに入れて
持っている

⚖ 銃砲刀剣類所持 ▶ 3年以下の懲役または50万円以下の罰金
⚖ 凶器準備集合 ▶ 2年以下の懲役または30万円以下の罰金
⚖ 軽犯罪法 ▶ 拘留または科料

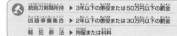

包丁やナイフやカッター、ハサミなどの刃物を持ち歩くと、
それだけで犯罪になることもあります。

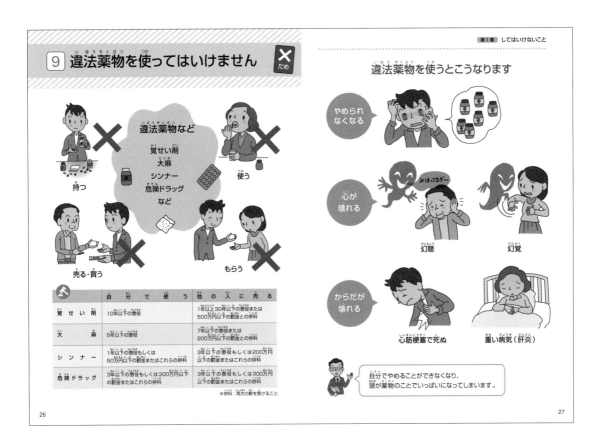

⑨ 違法薬物を使ってはいけません ❌だめ

違法薬物など

覚せい剤
大麻
シンナー
危険ドラッグ
など

持つ　　使う　　売る・買う　　もらう

	自分で使う	他の人に売る
覚せい剤	10年以下の懲役	1年以上30年以下の懲役または500万円以下の罰金との併科
大麻	5年以下の懲役	7年以下の懲役または200万円以下の罰金との併科
シンナー	1年以下の懲役もしくは50万円以下の罰金またはこれらの併科	1年以下の懲役もしくは200万円以下の罰金またはこれらの併科
危険ドラッグ	3年以下の懲役もしくは300万円以下の罰金またはこれらの併科	3年以下の懲役もしくは300万円以下の罰金またはこれらの併科

※併科：両方の罰を受けること

違法薬物を使うとこうなります

やめられなくなる

心が壊れる

幻聴　　幻覚

からだが壊れる

心筋梗塞で死ぬ　　重い病気（肝炎）

自分でやめることができなくなり、頭が薬物のことでいっぱいになってしまいます。

26　　27

⑨ 違法薬物を使ってはいけません

違法薬物はこんな風にすすめられます

先輩から
元気ないな。これ、元気が出るよ

友だちから
これ、きれいにやせられるよ

付き合っている相手から
変な薬じゃないよ。気持ちが落ち着くよ

違法薬物はハーブ、エスなど、いろいろな名前ですすめられます。お医者さんでもらったもの以外の薬は飲まないようにしましょう。

考えてみよう
こんな風にすすめられたら、なんと言って断りますか？

第 ② 章

気をつけたいこと

⚠注意

28　　29

1 インターネットを使うときは気をつけよう ⚠注意

こういうメールは開かない！
こういうサイトはクリックしない！

アイドルの○○ちゃんの情報
教えます！

パチンコ必勝法
教えます

お友だちに
なりませんか

宝くじに
当選しました！

たくさんのお金を請求される

ウイルスでパソコンが壊れる

こういうメールを開いてしまったら、こういうサイトをクリックしてしまったら
「お金を払いなさい」というメールが来ることがあります。そのときは…
①お金を払わない
②グループホームの職員、相談支援事業所の職員など、身近な人に相談
③弁護士、消費生活センターに相談

こういうことも、犯罪になることがあります

会社の話（悪口）を
インターネットやTwitter、
Facebookなどに書き込む

たくさんのメールを
会社やお店に送る

業務妨害 ▶ 3年以下の懲役または50万円以下の罰金
名誉毀損 ▶ 3年以下の懲役もしくは禁錮または50万円以下の罰金

考えて
みよう

あやしいメール、あやしいサイトって、どんなのでしょう？

30

31

---

2 自分の情報は他の人に渡さない ⚠注意

自分の情報とはこういうものです

個人情報
- 生年月日
- 住所・電話番号
- パスワード
- 暗証番号
- マイナンバー

お金を管理しているもの
- ICカード（Suicaやnanaco）など
- 通帳・印鑑
- キャッシュカード
- クレジットカード

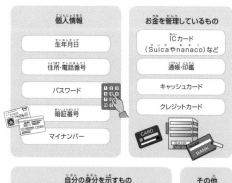

自分の身分を示すもの
- 運転免許証
- 保険証
- 社員証
- 障害者手帳
- 年金手帳
- パスポート
- 戸籍
- 住民票

その他

携帯電話
スマホ
タブレット
パソコン

自分の情報を、貸したり売ったり、
教えたりしてはいけません

通帳や印鑑を貸す

通帳を売る

パスワードは
o7o1

パスワードを教える

携帯電話をつくって売る

自分の口座のお金を全部使われたり、犯罪に巻き込まれたりします。
通帳や携帯電話が犯罪に使われ、人をだますことに協力することに
なってしまいます。

32

33

『ルールブック』ダイジェスト

③ 自転車はルールを守って乗りましょう ⚠注意

こういう乗り方をしてはいけません

イヤホンで音楽などを
聞きながら走行

傘さし運転

スマホを
さわりながら走行

無灯火で走る

お酒を飲んで乗る

2人乗り

道路交通法違反になることがあります（2人乗り：5万円以下の罰金など）

自転車は車と同じです。ケガをさせた相手に
お金を払わないといけないこともあります。

ルールを守らずに自転車に乗って
もしも人にケガをさせてしまったら…

重過失致死傷 ▶ 5年以下の懲役もしくは禁錮または100万円以下の罰金

過失致死 ▶ 50万円以下の罰金

過失傷害罪 ▶ 30万円以下の罰金または科料

---

④ 人から誘われたときは気をつけよう ⚠注意

「ドライブ行かない？」と
誘われて車に乗ると…

レイプされるかも…

インターネットで
知り合った人とデートすると…

お金をとられてしまうかも…

メール、LINEやFacebook、Twitter、Instagramなどで
知り合った人に誘われることもあります。
知らない人と会うことは危険がいっぱい！

高い化粧品を
買わされるかも…

「この化粧品、使ってみませんか」
と声をかけられて、ついて行くと…

アダルトビデオに
出演させられるかも…

「タレントになりませんか」と
声をかけられて、ついて行くと…

高い教材を
買わされるかも

「すてきな教材があるんです」
と言われて、家にあげてしまうと…

5 やめられなくなることがあります ⚠注意

さみしいな…

毎日お酒を
飲み続けていると…

お酒をやめられなくなる
ことがあります
（アルコール依存症）

仕事に行けなくなったり、
病気になったりします

パチンコって
楽しいな

毎日パチンコに
行き続けていると…

パチンコをやめられなくなる
ことがあります
（ギャンブル依存症）

パチンコをするために
たくさんの借金をしてしまいます

眠れないな…

お医者さんの指示よりも多く、
薬を飲み続けていると…

薬がやめられなくなる
ことがあります
（薬物依存症）

病気になったり、普通の暮らしが
できなくなったりします

考えてみよう

❶気持ちが落ち込むのは
どういうときですか?

❷気持ちが落ち込んだ
とき、どうしますか?

38　39

6 危ない目にあったり、嫌な思いをしたりします ⚠注意

売春

下着を売る

身体をさわらせる

下着や裸の写真を
メールやSNSで送る

付き合っている相手とでも、こういうことも、
やめておきましょう

他の人が見ているところでいちゃつく

裸の写真を撮って
インターネットにアップする

第 **3** 章

悪いこと（犯罪）
をしたら…

40　41

1 悪いこと(犯罪)をしたらどうなるの

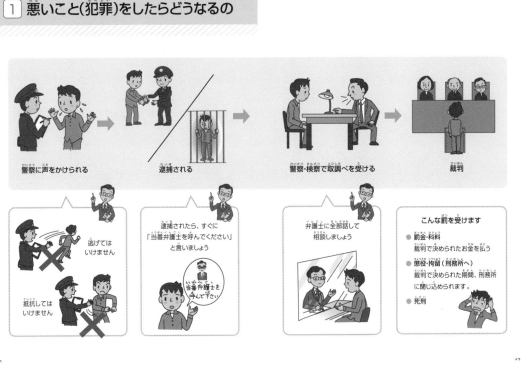

警察に声をかけられる　逮捕される　警察・検察で取調べを受ける　裁判

逃げては
いけません

抵抗しては
いけません

逮捕されたら、すぐに
「当番弁護士を呼んでください」
と言いましょう

当番弁護士を
呼んで下さい

弁護士に全部話して
相談しましょう

こんな罰を受けます

● 罰金・科料
　裁判で決められたお金を払う
● 懲役・拘留(刑務所へ)
　裁判で決められた期間、刑務所
　に閉じ込められます。
● 死刑

2 刑務所に入るとどうなるの

好きなことが出来なくなります

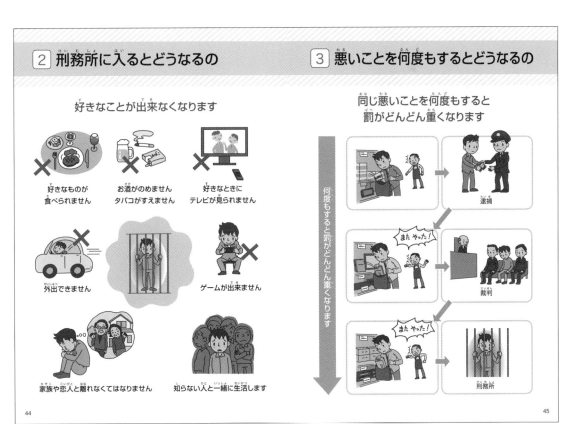

好きなものが
食べられません

お酒がのめません
タバコがすえません

好きなときに
テレビが見られません

外出できません

ゲームが出来ません

家族や恋人と離れなくてはなりません

知らない人と一緒に生活します

3 悪いことを何度もするとどうなるの

同じ悪いことを何度もすると
罰がどんどん重くなります

何度もすると罰がどんどん重くなります

逮捕

またやった！

裁判

またやった！

刑務所

✎ 困ったときに相談できる人を書いておきましょう

	名前	電話番号
グループホームの職員		
相談支援事業所の職員		
障害者就業・ 生活支援センターの職員		

✎ 困ったときに相談できる場所を書いておきましょう

	電話番号
当番弁護士制度（弁護士会）	
消費生活センター	

本書籍の売り上げは「共生社会を創る愛の基金」に寄付されます。

「共生社会を創る愛の基金」は、元厚生労働事務次官・村木厚子さんが「郵便不正冤罪事件」で得た国家賠償金を基に2012年に立ち上げられました。社会のなかで「生きにくさ」を抱え、罪を繰り返してしまう障がい者や、コミュニケーションに障がいがあるため十分な取り調べや裁判を受けられないまま等の人たちといった、「罪に問われた障がい者」への支援の充実を目指し研究活動・助成事業・広報活動に取り組んでいます。

本書籍は、日本産業パートナーズ社会貢献基金のご支援により作成しました。

20

第1章

しては
いけない
こと

1 ものを盗んではいけません （ルールブック 2〜8 頁）

（ルールブック 2〜8 頁）

目 的

- 他人の物をとること（または他人から奪うこと）について学ぶ
- 他人の物をとらないためにどうするかを考える

支援者に知ってほしいこと

- 「他人の物」とは何か、判断が難しいこと
  - 例 ・持って行ってはいけない「物」なのかどうか
    - ・「他人」の物といえるのかどうか
    - ・目に見えない「物」も持って行ってはいけない物に含まれるかどうか
- 物をとってしまう方法にも、気づかれないうちに盗んだり、無理矢理に奪ったり、だましたりといろいろな方法があること
- 窃盗をする時にケガをさせてしまい、強盗致傷等さらに重い犯罪になることがあること

① 典型的な窃盗 （ルールブック 2 頁）

窃盗罪とは、他人の物を盗むことをいいます。「盗む」とは持ち主の意思に反してその人の物を奪うことです。

次のような場合でも、窃盗罪になることがあります。

- 無断で借りた場合
- 借りた後ですぐ返そうと思っていた場合
- 自分の物を取り返すような場合

お店のものをとる
（万引き）

他の人の家に入って
お金やものをとる（空き巣）

道路や駐車場にある車の中から
お金やものをとる
（車上荒し）

歩いている人や
自転車のかごからものをとる
（ひったくり）

② 家族の物等の窃盗 （ルールブック3頁）

家族の物、親友の物等であれば、自分の物と同じだと考えて、盗んだことにはならないと考える人もいるかもしれません。ですが、誰の物であっても、他人の物である以上は窃盗罪になります。特に次のような場面が問題になります。

家族のお金をとる

友だちのお金やものをとる

● 家族のお金の場合：

「親族相盗例」といって、犯罪ではありますが、刑罰の対象になっていません。家族の問題は家族で解決する方がいいと考えられているからです。

会社のものを持って帰る

他の人のロッカーからお金やものをとる

● 友だちの物の場合：

少し借りるという気持ちで物を持って行ってしまうこともあるかもしれません。ですが、少し持って行くだけでも、持ち主がそれを望んでいなければ窃盗になります。後で返しても同じです。

● 会社の備品の場合：

備品は会社からあくまでも仕事の中で使うことができるように貸し出しているだけで、自分の物になったのではありません。備品は会社の物、つまり他人の物であることに変わりはありませんから、窃盗になる場合があります。

③ 捨ててある物・落ちている物の窃盗 （ルールブック4頁）

捨ててあったり、落ちていたりする物の場合には、誰の物でもないと考えて、持ち去ってしまっても良いと考える人もいるかもしれません。ですが、法律上は、以下のように考えて、他人の物をとることと同じ窃盗罪や、遺失物等横領罪になることがあります。

ゴミ置き場のもの

忘れ物

賽銭

自動販売機のおつり

売れ残ったもの消費期限切れのもの

自転車

● 捨ててある物：

捨ててある場所の管理者（スーパーの廃棄食品等であればそのスーパーの店長）や、ゴミを収集する業者の物です。

● 忘れ物・放置自転車等：

忘れ物や放置自転車には、本来の持ち主がいます。仮に、持ち主自身が忘れていても、持ち主であることは変わりません。

④ 目に見えない物の窃盗 （ルールブック5頁）

　窃盗というと、実際に目に見える物を持ち去ることばかりだと思われがちです。ですが、以下のようなことも窃盗、または人を騙したということで詐欺罪等にあたる可能性があります。

他の人の
社員証・カードを使う

他の人の
携帯電話やスマホを使う

●他人のカードを使って買い物をすること：
　　他人のカードを持っていったこと自体が、窃盗罪にあたります。

●他人の名前を使ってネットや通販で買い物をして、代金の支払いをしないで済ませてしまうようなこと：
　　カード会社を騙したことになり、詐欺罪にあたります。

他の人の名前(アカウント)を使って
ネットで買い物をする

コンビニや本屋で雑誌を
携帯電話やスマホで撮影する

　以下の様な行為は、ただちに犯罪にはあたらないこともありますが、トラブル等の原因になります。

●他人の携帯電話・スマートフォンを勝手に使うこと：
　　携帯電話やスマートフォンを持って行ってしまい、返さなければ窃盗になることもあります。使うだけであれば窃盗罪にはならない可能性が高いですが、持ち主に利用料が発生したり、持ち主の個人情報を勝手に見ることになる等、トラブルの元になります。

●コンビニで本や雑誌を撮影すること：
　　それ自体、ただちに犯罪にはあたりませんが、トラブルの元になったり、店員さんが望まない理由（撮影目的）で入店した等によって、建造物侵入罪になる可能性があります。

⑤ 恐喝・強盗 （ルールブック6頁左）

　人に暴力を振るったり、脅したりして、その人が抵抗することができないようにして物を奪うことは恐喝罪にあたります。
　また、暴力や脅しの程度がひどい場合には強盗にあたります。
　強盗の結果、相手が怪我をした場合には、さらに重い罪にあたる可能性があります。以下の「⑦窃盗が重大犯罪に発展してしまう場合」も参照して下さい。

暴力をふるったり、脅したりして
お金をとる（カツアゲ）

⑥ 詐欺 （ルールブック6頁右）

　人を騙して、他人の物を持ち去ることや、何かの代金を支払わなかったり、他人の物を返さなくてよいようにすませてしまうことは、詐欺罪にあたります。詐欺罪の詳しい内容は、本書111頁以下にも掲載しています。

ウソをついてお金をとる

⑦ 窃盗が重大犯罪に発展してしまう場合 (ルールブック7頁) ･････････････●

　ここまで紹介したような物の持ち去りが、そのような
つもりではなくても非常に重い罪になってしまう場合が
あります。以下のような事例が典型例です。

●**万引き等をした上で、それを追いかけてきた店員さん
　や警備員ともみ合いになって、けがをさせてしまう**
●**自転車やバイクに乗って、歩行者から物を奪おうとし
　て（ひったくり）、相手が転倒し、けがをさせてしま
　う**

　いずれも、暴力によって物を奪ったとして強盗罪、け
がが残った場合には強盗致傷罪として、最低でも6年間の懲役、または最長で無期懲役（期
間を決めず刑務所に入る）という非常に重い刑を科される犯罪になります。さらに、不幸
にも相手が亡くなった場合、無期懲役か、死刑のいずれかしかない最も重い罪になります。

⑧ 共犯 (ルールブック8頁) ･･･●

　自分自身で物を盗んだり奪ったりしなくても、その場
に居合わせて事実上協力してしまったような場合には、
実際に物を持ち去った人と同じ犯罪になってしまうこと
があります。以下のような事例が典型例です。

●**人から脅して物をとる（カツアゲの）際その人と一緒
　に立っていた：**
　　一緒に相手の人を脅したととらえられて、恐喝罪の
　共犯とされてしまうことがあります
●**お店や銀行等を脅して物をとろうとする人に頼まれて、お店の前で人が来ないか見張っ
　ていた：**
　　強盗に協力したととらえられて、強盗罪の共犯とされてしまうことがあります。

ワーク
万引き

 窃盗：
10年以下の懲役または50万円以下の罰金
何度も繰り返す場合は、3年以上30年以下の懲役

狙い 万引きが犯罪であることを知る
窃盗をしないためにどうしたらよいかを考える

今日は、お金を払わずにお店の商品を持って行ってはいけないということを勉強します。

ワーク❶ お金を払わずにお店の商品を持って行ったら、店員さんはどうなりますか。

想定される回答
・店員さんが困る　・店員さんが怒る　・お店が損する、つぶれる

ワーク❷ お金を払わずにお店の商品を持って行った人はどうなりますか。

想定される回答
○その場で
・店員さんに声をかけられる　・店員さんに怒られる　・監視カメラに映る
○後で
・信用を失う　・仕事をクビになる　・警察につかまる　・家族や周りの人等が悲しむ
・刑務所に行く　・次の仕事につきにくくなる　・事業所に行けなくなる
・グループホームにいられなくなる

　お金を払わずにお店の商品を持って行くことは「窃盗」という犯罪です。また、そのとった物を弁償しなければなりません。

〔「万引きのつもりが強盗に…」という事例の説明〕

　物をとったことがとても重い犯罪になることがあります。ルールブック7頁を見て下さい。例えば、この人がお店で窃盗をして、店員さんに見つかって、逃げようとしたとします。そうすると店員さんはこの人を追いかけます。追いかけてきた店員さんにつかまりそうになった時に、この人がその店員さんをふりはらったら、店員さんが転んでケガをしてしまいました。こういう場合、このイラストのように本を1冊とったことから、「強盗致傷」といったとても重い犯罪になることがあります。

※回答が出なかった場合は、「例えば、この人がお金がなかったからお店の物をとった場合、どんなアドバイスが
　できますか」（万引きの場合）のように、**ワーク❸**の「想定される回答」を例にあげて、次のワークにつなげて下さい。

ワーク ❹ この人がお金を払わずにお店の商品を持って行かないためにどうしたら
いいかアドバイスしましょう。「がまんする」以外の具体的な方法を考え
てみましょう。

想定される回答

ワーク❸ この人はなぜお金を払わずにお店の商品を持って行ったのでしょうか。	ワーク❹ この人がお金を払わずにお店の商品を持って行かないためにどうしたらいいかアドバイスしましょう。
・お金がなかった ・欲しい物があった	・信頼できる人（ルールブック 46 頁）に相談する ・がんばって仕事をする ・欲しい物を買うための計画を立てる
・脅されている ・誰かに命令されている	・信頼できる人（ルールブック 46 頁）に相談する ・警察に相談する
・ヒマな時 ・クセになっている	・その場から離れる ・用がないのにお店に行かない（ウィンドーショッピングをしない） ・家族や友人と一緒に買い物に行く ・買う物のリストを作ってから買い物に行く ・店員さんと知り合いになる ・目的の物のところ以外には近づかない ・気になる物に近づかない ・お財布だけを持ち、バッグは持たない 　※バッグを持つ時は口の閉まる物を持つ ・ポケットのない服で行く
・わくわく、どきどきしたい時 ・むしゃくしゃしている時 ・自慢したい ・おもしろいことしたくて ・スカッとしたい時	・違うことで発散する （ジム・バッティングセンター／布団にもぐって叫ぶ／枕・クッションを叩く等） ・趣味を見つける ・話を聞いてもらう ・とられた人がどういう気持ちになるか考える
・自分に気づいてほしい ・寂しい時 ・店員さんを困らせたい	・信頼できる人（ルールブック 46 頁）に相談する
・見つからないと思った ・うまくいけば得をすると思った	左のような答えが出てきた場合は以下の説明をして下さい。 【説明例】「いつかは見つかって、警察につかまったり、もっとお金を払わないといけなくなったりします。人からの信頼を失うことになります」 　その上で、この説明では「どうしたらいいか」ということを考えることができないため、ワーク③の※を参考にワークを進めて下さい。

今日はお金を払わずにお店の商品を持って行ってはいけないということを勉強しました。今日
のワークを忘れないようにしましょう。

万引き

ワーク

空き巣

 窃盗：
10 年以下の懲役または 50 万円以下の罰金
何度も繰り返す場合は、3 年以上 30 年以下の懲役

 空き巣が犯罪であることを知る
窃盗をしないためにどうしたらよいかを考える

今日は、人の家から勝手に物をとってはいけないということを勉強します。

ワーク ❶　　人の家から勝手に物をとったら、とられた人はどうなりますか。

想定される回答

・怖い思いをする　・家中を掃除しないといけない　・物がなくなって困る
・怖くてそこで暮らせなくなる

ワーク ❷　　人の家から勝手に物をとった人はどうなりますか。

想定される回答

○すぐに
・家の人が帰って来る　・警報機がなって、警備会社がくる　・誰もいないと思ったら人がいた
・犬に吠えられる　・近所の人に通報される　・監視カメラに映る
○後で起こること
・信用を失う　・仕事をクビになる　・警察につかまる　・家族や周りの人等が悲しむ
・刑務所に行く　・次の仕事につきにくくなる　・事業所に行けなくなる
・グループホームにいられなくなる

　人の家から勝手に物をとるのは「窃盗」という犯罪です。また、そのとった物を弁償しなければなりません。

ワーク ❸　　この人はなぜ人の家から勝手に物をとったのでしょうか。

※回答が出なかった場合は、「例えば、この人がお金がなかったからお店の物をとった場合、どんなアドバイスができますか」（万引きの場合）のように、**ワーク❸**の「想定される回答」を例にあげて次のワークにつなげて下さい。

ワーク ❹ この人が人の家から勝手に物をとらないためにどうしたらいいか、アドバイスを考えましょう。「がまんする」以外の、具体的な方法を考えてみましょう。

想定される回答

ワーク❸ この人はなぜ人の家から勝手に物をとったのでしょうか。	ワーク❹ この人が人の家から勝手に物をとらないためにどうしたらいいか、アドバイスを考えましょう。
・お金がなかった	・信頼できる人（ルールブック46頁）に相談する ・がんばって仕事をする ・欲しい物を買うための計画を立てる
・脅されている ・誰かに命令されている	・信頼できる人（ルールブック46頁）に相談する ・警察に相談する
・欲しい物があった ・欲しい物をみつけた時	・インターネットで探す ・欲しい物がある家には近づかない 　※通勤ルートをかえる等 ・目に入らないように歩く ・お金をためて買えるように、計画を立てる ・どこで買ったのか聞く
・ヒマな時 ・クセになっている ・ついつい気になって	・用がないのにウロウロしない ・入りたくなったら、家族のことを思い浮かべる
・わくわく、どきどきしたい時 ・むしゃくしゃしている時 ・自慢したい ・おもしろいことをしたくて ・スカッとしたい時	・違うことで発散する 　（ジム・バッティングセンター／布団にもぐって叫ぶ／枕・クッションを叩く等） ・趣味を見つける ・話を聞いてもらう ・とられた人がどういう気持ちになるか考える
・その家の人に恨みがある	・信頼できる人（ルールブック46頁の人）に相談する
・好きな人のものが欲しい	・好きな気持ちは他の方法で気持ちを伝える ・諦める 　※好きな人の諦め方を考えるのもいいかもしれません
・見つからないと思った ・うまくいけば得をすると思った ・お金持ちのようだった ・鍵があいていた	左のような答えが出てきた場合は以下の説明をして下さい。 【説明例】 　「いつかは見つかって、警察につかまったり、もっとお金を払わないといけなくなったりします。人からの信頼を失うことになります」 　その上で、この説明では「どうしたらいいか」ということを考えることができないため、ワーク③の※を参考にワークを進めて下さい。

空き巣

　今日は人の家から勝手にものをとってはいけないということを勉強しました。今日のワークを忘れないようにしましょう。

ワーク
車上荒し

窃盗：
10 年以下の懲役または 50 万円以下の罰金
何度も繰り返す場合は、3 年以上 30 年以下の懲役

狙い 車上荒しが犯罪であることを知る
窃盗をしないためにどうしたらよいかを考える

今日は、人の車から勝手に物をとってはいけないということを勉強します。

ワーク ① 人の車から勝手に物をとったら、とられた人はどうなりますか。

想定される回答

・物がなくなって困る　・怖い思いをする　・車の修理代がかかって困る　・腹が立つ

ワーク ② 人の車から勝手に物をとった人はどうなりますか。

想定される回答

○すぐに

・警報機がなる　・監視カメラに映る　・通りかかった人に通報される　・持ち主が帰って来る
・中にいた持ち主に怒られる

○後で

・信用を失う　・仕事をクビになる　・警察につかまる　・家族や周りの人等が悲しむ
・刑務所に行く　・次の仕事につきにくくなる　・事業所に行けなくなる
・グループホームにいられなくなる

　人の車から勝手に物をとることは「窃盗」という犯罪です。また、そのとった物を弁償したり、車を傷つけていたら車の弁償もしなければなりません。

ワーク ③ この人はなぜ人の車から勝手に物をとったのでしょうか。

※回答が出なかった場合は、「例えば、この人がお金がなかったからお店の物をとった場合、どんなアドバイスができますか」（万引きの場合）のように、**ワーク③**の「想定される回答」を例にあげて次のワークにつなげて下さい。

ワーク **4**　この男性が人の車から勝手に物をとらないためにどうしたらいいか、アドバイスを考えましょう。「がまんする」以外の、具体的な方法を考えてみましょう。

ワーク❸ この人はなぜ人の車から勝手に物をとったのでしょうか。	ワーク❹ この男性が人の車から勝手に物をとらないためにどうしたらいいか、アドバイスを考えましょう。
・お金がなかった	・信頼できる人（ルールブック46頁）に相談する ・がんばって仕事をする ・欲しい物を買うための計画を立てる
・脅されている ・誰かに命令されている	・信頼できる人（ルールブック46頁）に相談する ・警察に相談する
・欲しい物があった ・欲しい物をみつけた時	・インターネットで探す ・欲しい物がある車には近づかない 　※通勤ルートをかえる等 ・目に入らないように歩く ・お金をためて買えるように、計画を立てる ・どこで買ったのか聞く
・ヒマな時 ・クセになっている ・ついつい気になって	・用がないのにウロウロしない ・家族のことを思い浮かべる ・持ち主がどういう気持ちになるのか考える
・わくわく、どきどきしたい時 ・むしゃくしゃしている時 ・自慢したい ・おもしろいことをしたくて ・スカッとしたい時	・違うことで発散する 　（ジム・バッティングセンター／布団にもぐって叫ぶ／枕・クッションを叩く等） ・趣味を見つける ・話を聞いてもらう ・とられた人がどういう気持ちになるか考える
・持ち主に恨みがある	・信頼できる人（ルールブック46頁の人）に相談する
・見つからないと思った ・うまくいけば得をすると思った ・お金持ちのようだった ・鍵があいていた	左のような答えが出てきた場合は以下の説明をして下さい。 【説明例】 　「いつかは見つかって、警察につかまったり、もっとお金を払わないといけなくなったりします。人からの信頼を失うことになります」 　その上で、この説明では「どうしたらいいか」ということを考えることができないため、ワーク③の※を参考にワークを進めて下さい。

車上荒し

今日は人の車から勝手にものをとってはいけないということを勉強しました。今日のワークを忘れないようにしましょう。

ひったくり

⚖ **窃盗:**
10年以下の懲役または50万円以下の罰金
何度も繰り返す場合は、3年以上30年以下の懲役

狙い ひったくりが犯罪であることを知る
窃盗をしないためにどうしたらよいかを考える

今日は、人の物を勝手にとる、ひったくりをしてはいけないということを勉強します。

ワーク ❶ ひったくりをされた人はどうなりますか。

想定される回答

・怖い思いをする　・けがをする　・物がなくなって困る　・買い直さないといけない

ワーク ❷ ひったくりをした人はどうなりますか。

想定される回答

○すぐに

・おいかけられてつかまる　・周りの人につかまる　・自分がころんでケガをする

・監視カメラに映る

○後で

・信用を失う　・仕事をクビになる　・警察につかまる　・家族や周りの人等が悲しむ

・刑務所に行く　・次の仕事につきにくくなる　・事業所に行けなくなる

・グループホームにいられなくなる

　ひったくりは「窃盗」という犯罪です。また、そのとった物を弁償しなければなりませんし、ひったくりをする時にケガをさせてしまって、治療費や慰謝料を払わなければならないこともあります。

　ひったくりをしたことがとても重い犯罪になることがあります。ルールブック7頁を見て下さい。例えば、道を歩いている人のカバンをとろうとした時に、相手の人が転んでケガをしてしまいました。こういう場合、カバンをとろうとしただけのつもりが、「強盗致傷」といった、とても重い犯罪になることがあります。

ワーク ❸ この人はなぜ、ひったくりをしたのでしょうか。

※回答が出なかった場合は、「例えば、この人がお金がなかったからお店の物をとった場合、どんなアドバイスができますか」（万引きの場合）のように、**ワーク❸**の「想定される回答」を例にあげて次のワークにつなげて下さい。

ワーク ❹ この人がひったくりをしないようにするためにどうしたらいいかアドバイスしましょう。「がまんする」以外の、具体的な方法を考えてみましょう。

> 想定される回答

ワーク❸ この人はなぜ、ひったくりをしたのでしょうか。	ワーク❹ この人がひったくりをしないようにするためにどうしたらいいかアドバイスしましょう。
・お金がなかった ・欲しい物を持っていた	・信頼できる人（ルールブック 46 頁）に相談する ・がんばって仕事をする ・欲しい物を買うための計画を立てる
・脅されている ・誰かに命令されている	・信頼できる人（ルールブック 46 頁）に相談する ・警察に相談する
・わくわく、どきどきしたい時 ・むしゃくしゃしている時 ・自慢したい ・おもしろいことしたくて ・スカッとしたい時	・違うことで発散する 　（ジム・バッティングセンター／布団にもぐって叫ぶ／枕・クッションを叩く等) ・趣味を見つける ・話を聞いてもらう ・ひったくられた人がどういう気持ちになるか考える
・見つからないと思った ・うまくいけば得をすると思った ・お金持ちのようだった	左のような答えが出てきた場合は以下の説明をして下さい。 【説明例】 　「いつかは見つかって、警察につかまったり、もっとお金を払わないといけなくなったりします。人からの信頼を失うことになります」 　その上で、この説明では「どうしたらいいか」ということを考えることができないため、ワーク③の※を参考にワークを進めて下さい。

ひったくり

今日はひったくりをしてはいけないということを勉強しました。今日のワークを忘れないようにしましょう。

ワーク

家族のお金をとる

 ※家族のお金をとる等の場合、「親族相盗例」といって、犯罪ではありますが、刑罰の対象になっていません。家族の問題は家族で解決する方がいいと考えられているからです。

狙い
家族のお金や物を持って行かないためにどうしたらよいかを考える
近しい人の物や、自分が自由に使える物等でも、他人の物を持ち去ると犯罪になることを知る

今日は、家族のお金や物を持って行ってはいけないということを勉強します。

ワーク❶ 子どもがお母さんの財布から勝手にお金を持って行くと、お母さんはどうなりますか。

想定される回答

・悲しむ　・困る　・怒る

ワーク❷ お母さんの財布からお金を持って行った子どもはどうなりますか。

想定される回答

○すぐに

・他の家族に見つかる

○後で

・信用を失う　・仕事をクビになる　・家族や周りの人等が悲しむ

・次の仕事につきにくくなる　・事業所に行けなくなる

・グループホームにいられなくなる　・家族から怒られる　・家を追い出される

　お母さんのお金を持って行くことは、お店でお金を払わずに物を持って帰ることと同じ「窃盗」という犯罪です。兄弟姉妹のお金やものも同じで、勝手に持って来たり、勝手に使ったりするのは窃盗です。

　また、お金であれば、返さないといけないし、とった物を弁償しないといけません。

ワーク❸ この子どもはなぜ、お母さんの財布からお金を持って行ったのでしょうか。

※回答が出なかった場合は、「例えば、この人がお金がなかったからお店の物をとった場合、どんなアドバイスができますか」（万引きの場合）のように、**ワーク❸**の「想定される回答」を例にあげて次のワークにつなげて下さい。

ワーク ❹　この子どもがお母さんの財布からお金を持って行かないためにどうしたらいいか、アドバイスを考えましょう。がまんする以外の、具体的な方法を考えてみましょう。

想定される回答

ワーク❸ この人はなぜ、お母さんの財布からお金を持って行ったのでしょうか。	**ワーク❹** この人がお母さんの財布からお金を持って行かないためにどうしたらいいか、アドバイスを考えましょう。
・家族の物だから、別にいいと思った ・後で返せばいいと思った	・貸してもらうようにお願いをする ・家族の物でも勝手に使ったり、売ったりしたら犯罪だと思い出す
・脅されている ・誰かに命令されている	・信頼できる人（ルールブック 46 頁）に相談する ・警察に相談する
・お金がなかった ・欲しい物があった ・欲しい物を持っていた	・お金がなくて困っていることを相談する ・仕事をする ・お金を貯める計画を立てる ・買えるように計画を立てる
・わくわく、どきどきしたい時 ・むしゃくしゃしている時 ・自慢したい時 ・おもしろいことをしたくて ・スカッとしたい時	・違うことで発散する 　（ジム・バッティングセンター／布団にもぐって叫ぶ／枕・クッションを叩く等） ・趣味を見つける ・話を聞いてもらう ・とられた人がどういう気持ちになるか考える
・見つからないと思った ・うまくいけば得をすると思った	左のような答えが出てきた場合は以下の説明をして下さい。 【説明例】 　「いつかは見つかって、家族からの信頼を失うことになります」 　その上で、この説明では「どうしたらいいか」ということを考えることができないため、ワーク③の※を参考にワークを進めて下さい。

　今日は家族のお金や物を持って行ってはいけないということを勉強しました。今日のワークを忘れないようにしましょう。

家族のお金をとる

ワーク
友だちのお金やものをとる

 窃盗：
10年以下の懲役または50万円以下の罰金
何度も繰り返す場合は、3年以上30年以下の懲役

狙い

近しい人の物や、自分が自由に使える物等でも、他人の物を持ち去ると犯罪になることを知る
友だちのお金や物を持って行かないためにどうしたらよいかを考える

今日は、友だちのお金や物を持って行ってはいけないということを勉強します。

ワーク❶　友だちにゲームソフトをとられた人はどうなりますか？

想定される回答

・悲しい　・ショックを受ける　・困る　・怒る

ワーク❷　友だちの部屋から勝手にゲームソフトを持って行った人はどうなりますか？

想定される回答

○すぐに

・見つかって喧嘩になる

○後で

・信用を失う　・仕事をクビになる　・警察につかまる　・家族や周りの人等が悲しむ

・刑務所に行く　・次の仕事につきにくくなる　・事業所に行けなくなる

・グループホームにいられなくなる

　友だちの部屋からゲームを持って行くのは、お店でお金を払わずに物を持って行くことと同じ「窃盗」という犯罪です。友だちのおやつや洋服等も同じで、勝手に持って行ったり、勝手に使ったりするのは窃盗です。
　また、お金であれば返さないといけないし、とった物を弁償しなければなりません。

ワーク ❸ この人はなぜ、友だちの部屋から勝手にゲームソフトを持って行ったのでしょうか。

※回答が出なかった場合は、「例えば、この人がお金がなかったからお店の物をとった場合、どんなアドバイスができますか」（万引きの場合）のように、**ワーク❸**の「想定される回答」を例にあげて次のワークにつなげて下さい。

ワーク ❹ この人が、友だちの部屋から勝手にゲームソフトを持って行かないためにどうしたらいいか、アドバイスを考えましょう。「がまんする」以外の、具体的な方法を考えてみましょう。

想定される回答

ワーク❸ この人はなぜ、友だちの部屋から勝手にゲームを持って行ったのでしょうか。	ワーク❹ この人が、友だちの部屋から勝手にゲームを持って行かないためにどうしたらいいか、アドバイスを考えましょう。
・ちょっと借りてみたかった ・すぐ返すからいいと思った	・ちょっと貸してほしいと頼んで、「いいよ」と言われてから借りる ・返却日を決めて貸りる
・頼んでも貸してくれないから	・自分で買えるように、お金を貯める
・欲しい物があった ・欲しい物をみつけた時 ・お金がなかった	・自分で買えるように、お金を貯める ・お金がなくて困っていることを相談する ・仕事をする
・脅されている ・誰かに命令されている	・信頼できる人（ルールブック46頁）に相談する ・警察に相談する
・困らせようと思った ・びっくりさせようと思った	・相談できる人（ルールブック46頁）に自分の気持を話してみる
・むしゃくしゃしている時 ・自慢したい時 ・おもしろいことをしたくて ・スカッとしたい時	・違うことで発散する （ジム・バッティングセンター／布団にもぐって叫ぶ／枕・クッションを叩く等） ・趣味を見つける ・話を聞いてもらう ・とられた人がどういう気持ちになるか考える
・見つからないと思った ・うまくいけば得をすると思った ・弱いからいいと思った	左のような答えが出てきた場合は以下の説明をして下さい。 【説明例】 「いつかは見つかって、警察につかまったり、もっとお金を払わないといけなくなったりします。人からの信頼を失うことになります」 　その上で、この説明では「どうしたらいいか」ということを考えることができないため、ワーク③の※を参考にワークを進めて下さい。

　今日は友だちのお金や物を持って行ってはいけないということを勉強しました。今日のワークを忘れないようにしましょう。

友だちのお金やものをとる

会社のものを持って帰る

 窃盗：
10 年以下の懲役または 50 万円以下の罰金
何度も繰り返す場合は、3 年以上 30 年以下の懲役

狙い 近しい人の物や、自分が自由に使える物等でも、他人の物を持ち去ると犯罪になることを知る
会社の物を持って帰らないためにどうしたらよいか考える

今日は、会社の備品について考えます。会社の備品には、どいうものがありますか。

想定される回答

・パソコン、テレビ　・文房具（ボールペン、ハサミ、電卓、封筒、のり等）
・給湯室のお茶パック、コーヒー　・ロッカーのハンガー　・トイレットペーパー

ワーク ❶ 職員が勝手に備品を持って帰ると、会社はどうなりますか？

想定される回答

・使いたい時にない等、周りの職員が困る　・買い直すのにお金がかかる

ワーク ❷ 会社の備品を勝手に持って帰った人はどうなりますか。

想定される回答

○すぐに
・会社の人に見つかる
○後で
・信用を失う　・仕事をクビになる　・警察につかまる　・家族や周りの人等が悲しむ
・刑務所に行く　・次の仕事につきにくくなる　・事業所に行けなくなる
・グループホームにいられなくなる　・上司から怒られる　・会社の中でうわさになる

　会社の備品は、普段あなたが自由に使っていても、会社の物です。会社の中では自由に使っていいという約束になっていますが、家に持って帰ってはいけません。ですから、持ち帰ってしまえば、他人の物を勝手にとるのと同じ「窃盗」という犯罪です。
　また、そのとった物を弁償しなければなりません。

ワーク ❸
この人はなぜ、会社の備品を持って帰ったのでしょうか。

※回答が出なかった場合は、「例えば、この人がお金がなかったからお店の物をとった場合、どんなアドバイスができますか」（万引きの場合）のように、**ワーク❸**の「想定される回答」を例にあげて次のワークにつなげて下さい。

ワーク ❹
この人が会社の備品を持って帰らないためにどうしたらいいか、アドバイスを考えましょう。「がまんする」以外の、具体的な方法を考えてみましょう。

想定される回答

ワーク❸ この人はなぜ、会社の備品を持って帰ったのでしょうか。	ワーク❹ この人が会社の備品を持って帰らないためにどうしたらいいか、アドバイスを考えましょう。
・返すのを忘れていて	・気づいたらすぐに返しに行って、うっかり持って帰ってしまったということを説明する
・家での仕事に必要だった	・持って帰る時は、上司に確認する ※伝える練習もしてみましょう
・脅されている ・誰かに命令されている	・信頼できる人（ルールブック46頁）に相談する ・警察に相談する
・ちょっとぐらいいいと思った ・欲しい物があった ・お金が浮く	・自分で買う ・ちょっとした物でも自分で使う物は自分で買う ・お金がなくて困っていることを相談する
・むしゃくしゃしている時 ・スカッとしたい時	・違うことで発散する （ジム・バッティングセンター／布団にもぐって叫ぶ／枕・クッションを叩く等） ・趣味を見つける ・話を聞いてもらう ・この仕事を続けるのがいいのか相談する
・会社や会社の人に恨みがあった	・信頼できる人（ルールブック46頁）に相談する
・会社の物でいつも自由に使っている物だから	左のような答えが出てきた場合は以下の説明をして下さい。 【説明例】 　「会社の物は仕事中に自由に使っていても、あなたのものではありません。会社の物ですから、持って帰ってはいけません」 　その上で、この説明では「どうしたらいいか」ということを考えることができないため、ワーク③の※を参考にワークを進めて下さい。
・見つからないと思った ・うまくいけば得をすると思った	左のような答えが出てきた場合は以下の説明をして下さい。 【説明例】 　「いつかは見つかって、警察につかまったり、もっとお金を払わないといけなくなったりします。人からの信頼を失うことになります」 　その上で、この説明では「どうしたらいいか」ということを考えることができないため、ワーク③の※を参考にワークを進めて下さい。

　今日は会社の備品を持って帰ってはいけないということを勉強しました。今日のワークを忘れないようにしましょう。

ワーク

他の人のロッカーからお金やものをとる

 窃盗：
10年以下の懲役または50万円以下の罰金
何度も繰り返す場合は、3年以上30年以下の懲役

狙い　近しい人の物や、自分が自由に使える物等でも、他人の物を持ち去ると犯罪になることを知る
他人のロッカー等から物を盗らないために、どうしたらよいかを考える

今日は、人のロッカーや机から物をとってはいけないということを勉強します。

ワーク **❶**　ロッカーや机から自分の物をとられた人はどうなりますか？

想定される回答

・困る　・悲しい　・怒る　・会社の人を信用できなくなる

ワーク **❷**　人のロッカーや机から物をとった人は、どうなりますか。

想定される回答

○すぐに

・見つかる　・監視カメラに映る

○後で

・信用を失う　・仕事をクビになる　・警察につかまる　・家族や周りの人等が悲しむ

・刑務所に行く　・次の仕事につきにくくなる　・事業所に行けなくなる

・グループホームにいられなくなる

　人のロッカーや机から物をとるのは「窃盗」という犯罪です。また、そのとった物を弁償しなければなりません。さらに、会社の中で窃盗をすると、仕事もクビになったり、次の仕事でも雇ってもらいにくくなります。

ワーク **❸**　この人はなぜ、人のロッカーから物をとったのでしょうか。

※回答が出なかった場合は、「例えば、この人がお金がなかったからお店の物をとった場合、どんなアドバイスができますか」（万引きの場合）のように、**ワーク❸**の「想定される回答」を例にあげて次のワークにつなげて下さい。

ワーク ④
この人が人のロッカーから物をとらないためにどうしたらいいか、アドバイスを考えましょう。「がまんする」以外の、具体的な方法を考えてみましょう。

想定される回答

ワーク❸ この人はなぜ、他の人のロッカーから物をとっているのでしょうか。	ワーク❹ この人が他の人のロッカーからものをとらないためにどうしたらいいか、アドバイスを考えましょう。
・お金がなかった ・欲しい物があった	・信頼できる人（ルールブック 46 頁）に相談する ・がんばって仕事をする ・欲しい物を買うための計画を立てる ・インターネットで安い物を探す
・脅されている ・誰かに命令されている	・信頼できる人（ルールブック 46 頁）に相談する ・警察に相談する
・ついつい気になって	・用がないのにウロウロしない ・1 人でロッカールームに行かない ・目に入らないようにする
・恨みがある ・困らせようと思った	・信頼できる人（ルールブック 46 頁）に相談する
・好きな人の物が欲しい	・好きな気持ちは他の方法で気持ちを伝える ・諦める 　※好きな人の諦め方を考えるのもいいかもしれません。
・見つからないと思った ・うまくいけば得をすると思った ・お金持ちのようだった ・鍵があいていた	左のような答えが出てきた場合は以下の説明をして下さい。 【説明例】 　「いつかは見つかって、警察につかまったり、もっとお金を払わないといけなくなったりします。人からの信頼を失うことになります」 　その上で、この説明では「どうしたらいか」ということを考えることができないため、ワーク③の※を参考にワークを進めて下さい。

今日は人のロッカーからお金や物をとってはいけないということを勉強しました。今日のワークを忘れないようにしましょう。

ゴミ置き場のもの

⚖ **窃盗**：10 年以下の懲役または 50 万円以下の罰金
　　　　何度も繰り返す場合は、3 年以上 30 年以下の懲役

遺失物等横領：1 年以下の懲役または 10 万円以下の罰金も
しくは科料

狙い　誰の物でもないように見えるものに関しても，持ち去っ
たら犯罪になる可能性があることを知る
置いてある物や落ちている物をとらないために、どう
したらよいかを考える

今日は、置いてあるものや落ちている物をさわったり、持って帰ってはいけないということを勉強します。

口頭質問

ゴミ置き場の物は、勝手に持って帰っていいと思いますか？

　ゴミは捨ててある物だから、持って帰ってもいいだろう、と思う人もいるかもしれませんが、持って帰ってはいけません。ゴミはあなたの物ではないからです。ゴミ置き場を管理している人や、ゴミを収集している人の物です。

　ゴミ置き場の物を持って帰った場合も、人の物を持って行くのと同じように、窃盗罪や遺失物等横領罪になることがあります。それだけではなく、とった物を弁償しなければなりません。

他にも、勝手に持って帰ってはいけないものがあるのでテキストで確認しましょう。

イラスト	説明
忘れ物	忘れ物はもう取りにこないから、持って帰ってもいいだろう、と思う人もいるかもしれませんが、持って帰ってはいけません。忘れ物は忘れた人の物で、あなたの物ではないからです。
売れ残った物 消費期限切れの物	例えばあなたがスーパーで働いている場合に、売れ残った物、消費期限切れの物はもう捨てる物だから、持って帰ってもいいだろう、と思うかもしれませんが、持って帰ってはいけません。売れ残りでも、捨てる物でも、それはすべてお店の物で、あなたの物ではないからです。
賽銭	賽銭は置いてある物だから、持って帰っていいと思う人もいるかもしれませんが、持って帰ってはいけません。賽銭は、その賽銭箱を置いているお寺や神社の物だからです。

イラスト	説明
自動販売機 のおつり	自動販売機に残っているおつりはもう取りにこないから、持って帰ってもいい だろう、と思う人もいるかもしれませんが、持って帰ってはいけません。忘れら れたおつりは忘れた人の物で、あなたの物ではないからです。
自転車	置きっぱなしになっている自転車はもう取りにこないから、ちょっと借りても いいだろう、と思う人もいるかもしれませんが、借りてはいけません。置いてあ る自転車はあなたの物ではなく、元の持ち主の物だからです。どんなにぼろぼろ でも、必ず持ち主はいます。 　それに、もしもその自転車が、誰かに盗まれたものだったら、あなたがそれに乗っ ていると、自転車泥棒に間違われることがあります。

ワーク ❶　　置いてある物、落ちている物で、持って帰っていい物はありますか？

想定される回答

・「ご自由にお持ち下さい」と書いてある棚にある物

・駅に置いてある案内パンフレット

・お店の試食

・「ご自由にお飲み下さい」と書いてあるウォーターサーバーの水

※ドリンクバーのティーバッグ、ホテルのタオル等が出てきた場合、「窃盗罪にはならないこともありますが、ト
　ラブルが起こります。持って帰ってはいけません」と説明をしましょう。

※上記以外の物が出た場合、「それは、持ち主の物だから、だめです」と説明する。

ワーク ❷　　　持って帰りたいと思ったが、持って帰っていいかわからない時はどうし
たらいいでしょうか。

想定される回答

・店員さんに聞く

・わからない時は持って帰らない

　自分で判断しないほうがいいですね。

　今日は置いてある物や落ちている物をさわったり、持って帰ってはいけないということを勉強
しました。今日のワークを忘れないようにしましょう。

ワーク

忘れ物

 窃盗：10年以下の懲役または50万円以下の罰金
何度も繰り返す場合は、3年以上30年以下の懲役
遺失物等横領：1年以下の懲役または10万円以下の罰金もしくは科料

狙い 誰の物でもないように見える物に関しても、持ち去ったら犯罪になる可能性があることを知る
置いてある物や落ちている物をとらないためにどうしたらよいかを考える

今日は、置いてある物や落ちている物をさわったり、持って帰ってはいけないということを勉強します。

口頭質問

駅のベンチの忘れ物は、勝手に持って帰っていいと思いますか？

忘れ物はもう取りにこないから、持って帰ってもいいだろう、と思う人もいるかもしれませんが、持って帰ってはいけません。忘れ物は忘れた人の物で、あなたの物ではないからです。
忘れ物を持って帰った場合も人の物を持って行くのと同じように、窃盗罪や遺失物等横領罪になることがあります。それだけではなく、とった物を弁償しなければなりません。

他にも、勝手に持って帰ってはいけない物があるのでテキストで確認しましょう。

イラスト	説明
ゴミ置き場のゴミ	ゴミは捨ててある物だから、持って帰ってもいいだろう、と思う人もいるかもしれませんが、持って帰ってはいけません。ゴミはあなたの物ではないからです。ゴミ置き場を管理している人や、ゴミを収集している人の物です。
売れ残った物 消費期限切れの物	例えばあなたがスーパーで働いている場合に、売れ残った物、消費期限切れの物はもう捨てる物だから、持って帰ってもいいだろう、と思うかもしれませんが、持って帰ってはいけません。売れ残りでも、捨てる物でも、それはすべてお店の物で、あなたの物ではないからです。
賽銭	賽銭は置いてある物だから、持って帰っていいと思う人もいるかもしれませんが、持って帰ってはいけません。賽銭は、その賽銭箱を置いているお寺や神社の物だからです。

イラスト	説明
自動販売機 のおつり	自動販売機に残っているおつりはもう取りにこないから、持って帰ってもいいだろう、と思う人もいるかもしれませんが、持って帰ってはいけません。忘れられたおつりは忘れた人の物で、あなたの物ではないからです。
自転車	置きっぱなしになっている自転車はもう取りにこないから、ちょっと借りてもいいだろう、と思う人もいるかもしれませんが、借りてはいけません。置いてある自転車はあなたの物ではなく、元の持ち主の物だからです。どんなにぼろぼろでも、必ず持ち主はいます。 　それに、もしもその自転車が、誰かに盗まれた物だったら、あなたがそれに乗っていると、自転車泥棒に間違われることがあります。

ワーク ❶ 置いてある物、落ちている物で、持って帰っていい物はありますか。

想定される回答

・「ご自由にお持ち下さい」と書いてある棚にある物

・駅に置いてある案内パンフレット

・お店の試食

・「ご自由にお飲み下さい」と書いてあるウォーターサーバーの水

※ドリンクバーのティーバッグ、ホテルのタオル等が出てきた場合、「窃盗罪にはならないこともありますが、トラブルが起こります。持って帰ってはいけません」と説明をしましょう。

※上記以外の物が出た場合、「それは、持ち主の物だからだめです」と説明する。

ワーク ❷ 持って帰りたいと思ったが、持って帰っていいかわからない時はどうしたらいいでしょうか。

想定される回答

・店員さんに聞く

・わからない時は持って帰らない

　自分で判断しないほうがいいですね。

　今日は置いてある物や落ちている物を触ったり、持って帰ってはいけないということを勉強しました。今日のワークを忘れないようにしましょう。

忘れ物

ワーク

売れ残ったもの　消費期限切れのもの

窃盗：10年以下の懲役または50万円以下の罰金
何度も繰り返す場合は、3年以上30年以下の懲役

狙い　誰の物でもないように見える物に関しても、持ち去ったら犯罪になる可能性があることを知る
置いてある物や落ちている物をとらないためにどうしたらよいかを考える

今日は、置いてある物や落ちている物をさわったり、持って帰ってはいけないということを勉強します。

口頭質問

あなたがスーパーで働いている場合に売れ残った物や賞味期限が切れた物は、勝手に持って帰っていいと思いますか？

売れ残った物、消費期限切れの物はもう捨てる物だから、持って帰ってもいいだろう、と思うかもしれませんが、持って帰ってはいけません。売れ残りでも、捨てる物でも、それはすべてお店の物で、あなたの物ではないからです。

売れ残った物や賞味期限が切れた物を持って帰った場合も人の物を持って行くのと同じように、窃盗罪になることがあります。それだけではなく、とった物を弁償しなければなりません。

他にも、勝手に持って帰ってはいけない物があるのでテキストで確認しましょう。

イラスト	説明
ゴミ置き場のゴミ	ゴミは捨ててある物だから、持って帰ってもいいだろう、と思う人もいるかもしれませんが、持って帰ってはいけません。ゴミはあなたの物ではないからです。ゴミ置き場を管理している人や、ゴミを収集している人の物です。
忘れ物	忘れ物はもう取りにこないから、持って帰ってもいいだろう、と思う人もいるかもしれませんが、持って帰ってはいけません。忘れ物は忘れた人の物で、あなたの物ではないからです。

イラスト	説明
賽銭	賽銭は置いてある物だから、持って帰っていいと思う人もいるかもしれませんが、持って帰ってはいけません。賽銭は、その賽銭箱を置いているお寺や神社の物だからです。
自動販売機のおつり	自動販売機に残っているおつりはもう取りにこないから、持って帰ってもいいだろう、と思う人もいるかもしれませんが、持って帰ってはいけません。忘れられたおつりは忘れた人の物で、あなたの物ではないからです。
自転車	置きっぱなしになっている自転車はもう取りにこないから、ちょっと借りてもいいだろう、と思う人もいるかもしれませんが、借りてはいけません。置いてある自転車はあなたの物ではなく、元の持ち主の物だからです。どんなにぼろぼろでも、必ず持ち主はいます。 　それに、もしもその自転車が、誰かに盗まれた物だったら、あなたがそれに乗っていると、自転車泥棒に間違われることがあります。

ワーク ❶

置いてある物、落ちている物、持って帰っていい物はありますか。

想定される回答

・「ご自由にお持ち下さい」と書いてある棚にある物

・駅に置いてある案内パンフレット

・お店の試食

・「ご自由にお飲み下さい」と書いてあるウォーターサーバーの水

※ドリンクバーのティーバッグ、ホテルのタオル等が出てきた場合、「窃盗罪にはならないこともありますが、トラブルが起こります。持って帰ってはいけません」と説明をしましょう。

※上記以外の物が出た場合、「それは、持ち主の物だからだめです」と説明する。

ワーク ❷

持って帰りたいと思ったが、持って帰っていいかわからない時はどうしたらいいでしょうか。

想定される回答

・店員さんに聞く

・わからない時は持って帰らない

自分で判断しないほうがいいですね。

　今日は置いてある物や落ちている物をさわったり、持って帰ってはいけないということを勉強しました。今日のワークを忘れないようにしましょう。

ワーク

賽銭

 窃盗：10年以下の懲役または50万円以下の罰金
何度も繰り返す場合は、3年以上30年以下の懲役

狙い 誰の物でもないように見える物に関しても、持ち去ったら犯罪になる可能性があることを知る
置いてある物や落ちている物をとらないためにどうしたらよいかを考える

今日は、置いてある物や落ちている物をさわったり、持って帰ってはいけないということを勉強します。

口頭質問

お賽銭は、勝手に持って帰っていいと思いますか？

お賽銭は置いてある物だから、持って帰っていいと思う人もいるかもしれませんが、持って帰ってはいけません。お賽銭は、その賽銭箱を置いているお寺や神社の物だからです。
お賽銭を持って帰った場合も人の物を持って行くのと同じように、窃盗罪になります。それだけではなく、とった物を弁償しなければなりません。

他にも、勝手に持って帰ってはいけない物があるのでテキストで確認しましょう。

イラスト	説明
ゴミ置き場のゴミ	ゴミは捨ててある物だから、持って帰ってもいいだろう、と思う人もいるかもしれませんが、持って帰ってはいけません。ゴミはあなたの物ではないからです。ゴミ置き場を管理している人や、ゴミを収集している人の物です。
忘れ物	忘れ物はもう取りにこないから、持って帰ってもいいだろう、と思う人もいるかもしれませんが、持って帰ってはいけません。忘れ物は忘れた人の物で、あなたの物ではないからです。
売れ残った物 消費期限切れの物	例えばあなたがスーパーで働いている場合に、売れ残った物、消費期限切れの物はもう捨てる物だから、持って帰ってもいいだろう、と思うかもしれませんが、持って帰ってはいけません。売れ残りでも、捨てる物でも、それはすべてお店の物で、あなたの物ではないからです。

イラスト	説明
自動販売機 のおつり	自動販売機に残っているおつりはもう取りにこないから、持って帰ってもいい だろう、と思う人もいるかもしれませんが、持って帰ってはいけません。忘れら れたおつりは忘れた人の物で、あなたの物ではないからです。
自転車	置きっぱなしになっている自転車はもう取りにこないから、ちょっと借りても いいだろう、と思う人もいるかもしれませんが、借りてはいけません。置いてあ る自転車はあなたの物ではなく、元の持ち主の物だからです。どんなにぼろぼろ でも、必ず持ち主はいます。 　それに、もしもその自転車が、誰かに盗まれた物だったら、あなたがそれに乗っ ていると、自転車泥棒に間違われることがあります。

ワーク ❶ 　置いてある物、落ちている物で、持って帰っていい物はありますか。

想定される回答

・「ご自由にお持ち下さい」と書いてある棚にある物
・駅に置いてある案内パンフレット
・お店の試食
・「ご自由にお飲み下さい」と書いてあるウォーターサーバーの水

※ドリンクバーのティーバッグ、ホテルのタオル等が出てきた場合、「窃盗罪にはならないこともありますが、ト
　ラブルが起こります。持って帰ってはいけません」と説明をしましょう。

※上記以外の物が出た場合、「それは、持ち主の物だからだめです」と説明する。

ワーク ❷ 　持って帰りたいと思ったが、持って帰っていいかわからない時はどうし
たらいいでしょうか。

想定される回答

・店員さんに聞く
・わからない時は持って帰らない

　自分で判断しないほうがいいですね。

　今日は置いてある物や落ちている物をさわったり、持って帰ってはいけないということを勉強
しました。今日のワークを忘れないようにしましょう。

ワーク
自動販売機のおつり

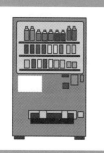

 窃盗：10年以下の懲役または50万円以下の罰金
何度も繰り返す場合は、3年以上30年以下の懲役
遺失物等横領：1年以下の懲役または10万円以下の罰金もしくは科料

狙い 誰の物でもないように見える物に関しても、持ち去ったら犯罪になる可能性があることを知る
置いてある物や落ちている物をとらないためにどうしたらよいかを考える

今日は、置いてある物や落ちている物をさわったり、持って帰ってはいけないということを勉強します。

口頭質問

自動販売機に残っていたおつりは、勝手にも持って帰っていいと思いますか？

自動販売機に残っているおつりはもう取りにこないから、持って帰ってもいいだろう、と思う人もいるかもしれませんが、持って帰ってはいけません。忘れたおつりは忘れた人の物で、あなたの物ではないからです。
自動販売機に残っていたおつりを持って帰った場合も人の物を持って行くのと同じように、窃盗罪や遺失物等横領罪になることがあります。それだけではなく、とった物を弁償しなければなりません。

他にも、勝手に持って帰ってはいけない物があるのでテキストで確認しましょう。

イラスト	説明
ゴミ置き場のゴミ	ゴミは捨ててある物だから、持って帰ってもいいだろう、と思う人もいるかもしれませんが、持って帰ってはいけません。ゴミはあなたの物ではないからです。ゴミ置き場を管理している人や、ゴミを収集している人の物です。
忘れ物	忘れ物はもう取りにこないから、持って帰ってもいいだろう、と思う人もいるかもしれませんが、持って帰ってはいけません。忘れ物は忘れた人の物で、あなたの物ではないからです。
売れ残った物 消費期限切れの物	例えばあなたがスーパーで働いている場合に、売れ残った物、消費期限切れの物はもう捨てる物だから、持って帰ってもいいだろう、と思うかもしれませんが、持って帰ってはいけません。売れ残りでも、捨てる物でも、それはすべてお店の物で、あなたの物ではないからです。

イラスト	説明
賽銭	賽銭は置いてある物だから、持って帰っていいと思う人もいるかもしれませんが、持って帰ってはいけません。賽銭は、その賽銭箱を置いているお寺や神社の物だからです。
自転車	置きっぱなしになっている自転車はもう取りにこないから、ちょっと借りてもいいだろう、と思う人もいるかもしれませんが、借りてはいけません。置いてある自転車はあなたの物ではなく、元の持ち主の物だからです。どんなにぼろぼろでも、必ず持ち主はいます。 　それに、もしもその自転車が、誰かに盗まれた物だったら、あなたがそれに乗っていると、自転車泥棒に間違われることがあります。

ワーク ❶ 　　置いてある物、落ちている物で、持って帰っていい物はありますか。

想定される回答

・「ご自由にお持ち下さい」と書いてある棚にある物

・駅に置いてある案内パンフレット

・お店の試食

・「ご自由にお飲み下さい」と書いてあるウォーターサーバーの水

※ドリンクバーのティーバッグ、ホテルのタオル等が出てきた場合、「窃盗罪にはならないこともありますが、トラブルが起こります。持って帰ってはいけません」と説明をしましょう。

※上記以外の物が出た場合、「それは、持ち主の物だからだめです」と説明する。

ワーク ❷ 　　持って帰りたいと思ったが、持って帰っていいかわからない時はどうしたらいいでしょうか。

想定される回答

・店員さんに聞く

・わからない時は持って帰らない

　自分で判断しないほうがいいですね。

　今日は置いてある物や落ちている物をさわったり、持って帰ってはいけないということを勉強しました。今日のワークを忘れないようにしましょう。

自転車

 窃盗：10 年以下の懲役または 50 万円以下の罰金
何度も繰り返す場合は、3 年以上 30 年以下の懲役
遺失物等横領：1 年以下の懲役または 10 万円以下の罰金もしくは科料

狙い　誰の物でもないように見える物に関しても、持ち去ったら犯罪になる可能性があることを知る
置いてある物や落ちている物をとらないためにどうしたらよいかを考える

今日は、置いてある物や落ちている物をさわったり、持って帰ってはいけないということを勉強します。

口頭質問

置きっぱなしになっている自転車は、勝手に乗って行っていいと思いますか？

置きっぱなしになっている自転車はもう取りにこないから、ちょっと借りてもいいだろう、と思う人もいるかもしれませんが、借りてはいけません。置いてある自転車はあなたの物ではなく、元の持ち主の物だからです。どんなにぼろぼろでも、必ず持ち主はいます。
それに、もしもその自転車が、誰かに盗まれた物だったら、あなたがそれに乗っていると、自転車泥棒に間違われることがあります。
置きっぱなしになっている自転車を持って帰った場合も人の物を持って行くのと同じように、窃盗罪や遺失物等横領罪になることがあります。それだけではなく、とった物を弁償しなければなりません。

他にも、勝手に持って帰ってはいけない物があるのでテキストで確認しましょう。

イラスト	説明
ゴミ置き場のゴミ	ゴミは捨ててある物だから、持って帰ってもいいだろう、と思う人もいるかもしれませんが、持って帰ってはいけません。ゴミはあなたの物ではないからです。ゴミ置き場を管理している人や、ゴミを収集している人の物です。
忘れ物	忘れ物はもう取りにこないから、持って帰ってもいいだろう、と思う人もいるかもしれませんが、持って帰ってはいけません。忘れ物は忘れた人の物で、あなたの物ではないからです。

イラスト	説明
売れ残った物 消費期限切れの物	例えばあなたがスーパーで働いている場合に、売れ残った物、消費期限切れの物はもう捨てる物だから、持って帰ってもいいだろう、と思うかもしれませんが、持って帰ってはいけません。売れ残りでも、捨てる物でも、それはすべてお店の物で、あなたの物ではないからです。
賽銭	賽銭は置いてある物だから、持って帰っていいと思う人もいるかもしれませんが、持って帰ってはいけません。賽銭は、その賽銭箱を置いているお寺や神社の物だからです。
自動販売機 のおつり	自動販売機に残っているおつりはもう取りにこないから、持って帰ってもいいだろう、と思う人もいるかもしれませんが、持って帰ってはいけません。忘れられたおつりは忘れた人の物で、あなたの物ではないからです。

ワーク ❶　置いてある物、落ちている物で、持って帰っていい物はありますか。

想定される回答

・「ご自由にお持ち下さい」と書いてある棚にある物

・駅に置いてある案内パンフレット

・お店の試食

・「ご自由にお飲み下さい」と書いてあるウォーターサーバーの水

※ドリンクバーのティーバッグ、ホテルのタオル等が出てきた場合、「窃盗罪にはならないこともありますが、トラブルが起こります。持って帰ってはいけません」と説明をしましょう。

※上記以外の物が出た場合、それは、持ち主の物だからだめですと説明する。

ワーク ❷　持って帰りたいと思ったが、持って帰っていいかわからない時はどうしたらいいでしょうか。

想定される回答

・店員さんに聞く

・わからない時は持って帰らない

自分で判断しないほうがいいですね。

　今日は置いてある物や落ちている物をさわったり、持って帰ってはいけないということを勉強しました。今日のワークを忘れないようにしましょう。

ワーク

他の人の社員証・カードを使う

⚖️ **窃盗:**
10年以下の懲役または50万円以下の罰金
何度も繰り返す場合は、3年以上30年以下の懲役

詐欺:
10年以下の懲役

狙い 目に見えない物を奪うようなことも犯罪になる可能性
があることを知る

今日は、人のカードを使ってはいけないということを勉強をします。

ワーク ❶ 勝手に人にカード（SUICA等のカード）を使われた人はどうなりますか？

想定される回答

・お金が減る　・カードがなくて、不安になる　・カードを止めたり、再発行したり、手続きが面倒

ワーク ❷ 勝手に人のカードを使ったら、どうなりますか。

想定される回答

○すぐに

・監視カメラに映る　・使ったお店で気づかれる

○後で

・信用を失う　・仕事をクビになる　・警察につかまる　　・家族や周りの人等が悲しむ

・刑務所に行く　・次の仕事につきにくくなる　・事業所に行けなくなる

・グループホームにいられなくなる

人のカードで買い物をしたら、お金を払うのはそのカードの持ち主です。カードの持ち主は、買っていない物のお金を払わないといけないことになります。それは、他の人のお金をとったことと同じ犯罪です。例えば、窃盗罪や詐欺罪等になります。
また、勝手に使った費用を弁償しなければなりません。

ワーク ❸ 　自分以外は使ってはいけないカードはどんな物がありますか？

想定される回答

・交通系ICカード　　・定期券　　・回数券　　・クレジットカード　　・キャッシュカード

・デビットカード　　・nanaco　　・Tカード　　等

　これらのカードはすべて、自分以外は使ってはいけません。家族のカードは使ってもいいと思う人もいるかもしれませんが、家族のカードも同じです。自分のカードだけを使うようにしましょう。

　今日は人のカードを使ってはいけないということを勉強しました。今日のワークを忘れないようにしましょう。

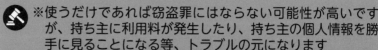

ワーク
他の人の携帯電話やスマホを使う

※使うだけであれば窃盗罪にはならない可能性が高いですが、持ち主に利用料が発生したり、持ち主の個人情報を勝手に見ることになる等、トラブルの元になります

狙い　目に見えない物を奪うようなこともトラブルになる可能性があることを知る

今日は、人の携帯電話やスマホを使ってはいけないということを勉強します。

ワーク❶　勝手に携帯電話やスマホを使われた人はどうなりますか？

想定される回答
・携帯代が高くなる　・知らない人に電話番号が伝わる　・困る

ワーク❷　勝手に人の携帯電話やスマホを使ったら、どうなりますか。

想定される回答
○すぐに
・見つかって怒られる
○後で
・信用を失う　・仕事をクビになる　・家族や周りの人等が悲しむ
・次の仕事につきにくくなる　・事業所に行けなくなる
・グループホームにいられなくなる

　人の携帯電話やスマホをあなたが使ったら、電話代や通信料がかかります。そのお金はその持ち主が払わなければなりません。持ち主は使っていないのにお金を払うことになるので、それは、その持ち主のお金をとったということと同じです。
　また、勝手に使った分の費用を弁償しなければなりません。

第1章　してはいけないこと

ワーク ❸　携帯電話やスマホを使いたい時はどうすればいいですか？

想定される回答

・交番や職場等で「電話を貸して下さい」と頼む　・公衆電話でかける　・家からかける

・自宅やネットカフェのパソコンでインターネットを見る

今日は人の携帯電話やスマホを使ってはいけないということを勉強しました。今日のワークを忘れないようにしましょう。

ワーク

他の人の名前を使ってネットで買い物をする

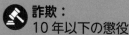 **詐欺：**
10 年以下の懲役

狙い 目に見えない物を奪うようなこともトラブルになる可能性があることを知る
友だちからアカウントを貸してと言われた時の対応を考える

今日は、人の名前（アカウント）を使ってはいけないということを勉強します。

ワーク ❶　勝手に自分の名前（アカウント）を使って買い物をされた人はどうなりますか？

想定される回答

・買っていないのにお金を払わないといけない

・アカウントを止めたり、再発行したり、手続きが大変

ワーク ❷　勝手に人のアカウントを使って買い物をした人は、どうなりますか。

想定される回答

○すぐに

・見つかる

○後で

・信用を失う　・仕事をクビになる　・警察につかまる　・家族や周りの人等が悲しむ

・刑務所に行く　・次の仕事につきにくくなる　・事業所に行けなくなる

・グループホームにいられなくなる

　人のアカウントで買い物をしたら、お金を払うのはそのアカウントの持ち主です。その人は、買っていない物のお金を払わないといけないことになります。それは、その人のお金をとったということと同じです。
　また、勝手に使った費用を弁償しなければなりません。

ワーク ❸　友だちからアカウントを貸してと頼まれた場合は、どうしますか？

想定される回答

・きっぱり断る
・逃げる。その場を離れる
・切り返す　　　　「なんでそんなこというのか」
・気持ちを伝える　「そんなこと言われると困るよ」
・理由を伝える　　「自分しか使えないものだから、だめです」
・その場ではわかったと言って、信頼できる人（ルールブック 46 頁）に相談する

※ここは、「友だち」の部分について「彼氏（彼女）」「お世話になっている先輩」等、いろいろなパターンで聞いてみて下さい。

ステップアップ　その答えが実際にできるかどうか、練習してみましょう。私を友だちだと思ってやってみて下さい。

※はっきり断れるかどうか、何度も頼まれても断れるかどうか等のパターンで実際のやりとりをやってみて下さい。

ワーク ❹　友だちからアカウントを貸してと頼まれて断れずに使われた時はどうしますか。

想定される回答

・信頼できる人（ルールブック 46 頁）に相談する　　・警察に言う　　・パスワードを変える

　もし、自分以外の人にアカウントを使われてしまったら、できるだけ早く信頼できる人に相談しましょう。

　今日は人のアカウントを使ってはいけないということを勉強しました。今日のワークを忘れないようにしましょう。

コンビニや本屋で雑誌を撮影する

※それ自体、ただちに犯罪にはあたりませんが、トラブルになったり、店員さんが望まない理由（撮影目的）で入店した等によって、建造物侵入罪になる可能性があります。

狙い　目に見えない物を奪うようなことも犯罪になる可能性があることを知る

今日は、コンビニや本屋さんで雑誌を撮影してはいけないということを勉強します。

ワーク ❶　コンビニや本屋さんで雑誌を撮影したら、誰が困りますか？

想定される回答

・雑誌をつくった人　・コンビニや本屋さんの店員さん

ワーク ❷　コンビニや本屋さんで雑誌を撮影した人はどうなりますか。

想定される回答

○すぐに

・通報される

○後で

・信用を失う　・仕事をクビになる　・家族や周りの人等が悲しむ

・次の仕事につきにくくなる　・事業所に行けなくなる

・グループホームにいられなくなる

　雑誌を写真撮影したら、雑誌を買わなくても内容を手元に持っておくことができるようになります。店員さんは雑誌が売れないので、生活ができなくなります。そのため、お店に来るなと言われてトラブルになることもあります。読んだり、写真に撮ったりしたい物は買いましょう。

　今日はコンビニや本屋さんで雑誌を写真に撮ってはいけないということを勉強しました。今日のワークを忘れないようにしましょう。

なじまない人、ずるい考えに固まってしまう人に どうアプローチするか

言い訳を叱らず、「3つの思考法」を習慣づけるよう働きかけましょう

　お店に陳列してある品物や会社の物品を盗んだり、家族や会社の同僚のお金を盗んだりすることを繰り返してしまう人の中には、「物を盗んではいけません」というルールそのものはわかっていても、そのルールを自分に都合の良いように解釈（「俺ルール化」）し、その場その場で言い訳をつくっていることがあります。

　例えば、「一つくらい持っていってもわからないだろう」「会社の物だから後で返せばいいだろう」「同僚が置き忘れたからいけないのだ」等。

　こうした言い訳には叱るのではなく、その解釈が事実に反することを示すことが大事です。

　例えば、「一つくらい持っていってもわからないだろう」に対しては、「多くの中の一つであっても盗んだことに変わりはない。店員さんはいつ何を何個並べたか毎日調べているから一つ無くなってもすぐわかる。店の各所に設置してある監視カメラに記録されている。事実あなたは見つかり捕まりましたね」等丁寧に教えることが大事です。

　「会社の物だから後で返せばいいだろう」に対しては、「会社の物はあなたの物ではない。誰かに許しを得ずに物を持ち帰る行為も犯罪になる。みんなが使う物がなくなって困るのは誰か？　盗むと借りるの違いはどういうことか？」等考え合うことも良いでしょう。

　「同僚が置き忘れたからいけないのだ」に対しては、「あなた自身も忘れ物をすることがありませんか、それを盗まれたらどう思いますか？　忘れ物をする人とそれを盗む人とどちらが悪い人ですか？」等と投げかけて、自分がその場で都合の良い解釈をしていた事実を認めるよう促すことが大事です。

　一般的には、次の3つの思考法を習慣にするようにしましょう。

　1）それをしたら、その後何が起こるか

　2）それをしたら、自分の周りの人にどんな影響が及ぶか

　3）それをしないための他の行動は何か

（平井 威）

ワーク

暴力をふるったり、脅したりしてお金をとる

⚖ **強盗**：5年以上30年以下の懲役
恐喝：10年以下の懲役

狙い 物を勝手に持ち去ることだけでなく、脅したり、力づくで持って行くことも、犯罪になることを知る
脅したり、力づくでお金や物をとらないためにどうしたらよいかを考える

今日は、暴力をふるったり、脅したりしてお金や物をとってはいけないということを勉強します。

ワーク **❶**　暴力をふるわれたり、脅されたりしてお金をとられた人はどうなりますか？

想定される回答

・怖くて外を歩けなくなる　・職場の場合、怖くて仕事に行けなくなる

ワーク **❷**　暴力をふるったり、脅したりしてお金をとると、とった人はどうなりますか。

想定される回答

○すぐに

・周りの人に止められる　・周りの人に通報される

○後で

・信用を失う　・仕事をクビになる　・警察につかまる　・家族や周りの人等が悲しむ

・刑務所に行く　・次の仕事につきにくくなる　・事業所に行けなくなる

・グループホームにいられなくなる

　暴力をふるったり、脅したりしてお金をとることは「恐喝罪」という犯罪です。暴力等の程度がひどい場合には強盗罪になることもあります。また、そのとったお金を弁償したり、怖い思いをさせたことへの謝罪として慰謝料を払わなければならないこともあります。
　お金をとるだけではなく、物をとることやチケットを買わせること、食事代を払わせることも同じです。

ワーク❸ この人はなぜ、暴力をふるったり、脅してお金をとったのでしょうか。

※回答が出なかった場合は、「例えば、この人がお金がなかったからお店の物をとった場合、どんなアドバイスができますか」（万引きの場合）のように、**ワーク❸**の「想定される回答」を例にあげて次のワークにつなげて下さい。

ワーク❹ この人が暴力をふるったり、脅してお金をとらないようにするためにどうしたらいいかアドバイスしましょう。「がまんする」以外の、具体的な方法を考えてみましょう。

想定される回答

ワーク❸ この人はなぜ、暴力をふるったり、脅してお金をとったのでしょうか。	ワーク❹ この人が暴力をふるったり、脅してお金をとらないようにするためにどうしたらいいかアドバイスしましょう。
・お金がなかった ・欲しいものがあった	・信頼できる人（ルールブック 46 頁）に相談する ・がんばって仕事をする ・欲しいものを買うための計画を立てる
・脅されている ・誰かに命令されている	・信頼できる人（ルールブック 46 頁）に相談する ・警察に相談する
・むしゃくしゃしている時 ・自慢したい時 ・おもしろいことをしたくて ・スカッとしたい時 ・イライラしていた	・違うことで発散する 　（ジム・バッティングセンター／布団にもぐって叫ぶ／枕・クッションを叩く等） ・趣味を見つける ・話を聞いてもらう
・うまくいけば得をすると思った ・弱いからいいと思った	左のような答えが出てきた場合は以下の説明をして下さい。 【説明例】 　「いつかは見つかって、警察につかまったり、もっとお金を払わないといけなくなったりします。人からの信頼を失うことになります」 　その上で、この説明では「どうしたらいいか」ということを考えることができないため、ワーク③の※を参考にワークを進めて下さい。

今日は暴力をふるったり、脅したりしてお金をとってはいけないということを勉強しました。今日のワークを忘れないようにしましょう。もし今、脅されてお金をとられたりしている人がいたら、信頼できる人に相談しましょう。

ワーク

ウソをついてお金をとる

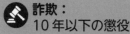 **詐欺:**
10年以下の懲役

狙い だましてお金をとることも、犯罪になることを知る

今日は、ウソをついてお金をとってはいけないということを勉強します。

ワーク ❶

この男の人はおばあさんにウソをついてお金をとっています。ウソをつかれて、お金をとられた人はどうなりますか。

想定される回答

・困る　・貯めていたお金がなくなりショックを受ける　・人を信じられなくなる
・傷つく

ワーク ❷

ウソをついてお金をとった人はどうなりますか。

想定される回答

○すぐに
・ウソに気づかれる
○後で
・信用を失う　・仕事をクビになる・警察につかまる　・家族や周りの人等が悲しむ
・刑務所に行く　・次の仕事につきにくくなる　・事業所に行けなくなる
・グループホームにいられなくなる

人にウソをついてお金をとることは「詐欺罪」という犯罪です。また、そのとったお金を弁償しなければならないこともあります。

ワーク ❸

この人はなぜ、ウソをついてお金をとったのでしょうか。

※回答が出なかった場合は、「例えば、この人がお金がなかったからお店の物をとった場合、どんなアドバイスができますか」（万引きの場合）のように、**ワーク❸**の「想定される回答」を例にあげて次のワークにつなげて下さい。

第1章　してはいけないこと

ワーク ❹　この人がウソをついてお金をとらないようにするためにどうしたらいい かアドバイスしましょう。「がまんする」以外の、具体的な方法を考えて みましょう。

【想定される回答】

ワーク❸ この人はなぜ、ウソをついてお金をとったのでしょうか。	ワーク❹ この人がウソをついてお金をとらないようにするためにどうしたらいいかアドバイスしましょう。
・お金がなかった ・欲しいものがあった	・信頼できる人（ルールブック 46 頁）に相談する ・がんばって仕事をする ・欲しいものを買うための計画を立てる
・脅されている ・誰かに命令されている	・信頼できる人（ルールブック 46 頁）に相談する ・警察に相談する
・むしゃくしゃしている時 ・自慢したい時 ・おもしろいことをしたくて ・スカッとしたい時	・違うことで発散する 　（ジム・バッティングセンター／布団にもぐって叫ぶ／枕・クッションを叩く等） ・趣味を見つける ・話を聞いてもらう
・つかまらないと思った ・うまくいけば得をすると思った ・お金持ちのようだった	左のような答えが出てきた場合は以下の説明をして下さい。 【説明例】 　「いつかは見つかって、警察につかまったり、もっとお金を払わないといけなくなったりします。人からの信頼を失うことになります」 　その上で、この説明では「どうしたらいいか」ということを考えることができないため、ワーク③の※を参考にワークを進めて下さい。

※障がいのある方が「オレオレ詐欺」等のグループの中で、被害者からお金を受け取る役割や、ATM から引き出 す役割を担っていることがあります。自分はウソをついていなくても、詐欺グループの仲間として逮捕される 事例もあります。そういうことに関わってしまった場合は、必ず弁護士に相談をして下さい。詳しくは本書 113 頁の解説をご覧下さい。

　今日はウソをついてお金をとってはいけないということを勉強しました。今日のワークを忘れ ないようにしましょう。

ウソをついてお金をとる

ワーク
共犯❶

> **狙い** 自分自身で物を盗んだり奪ったりしなくても、その場に居合わせ事実上協力してしまったような場合には、実際に物を持ち去った人と同じ犯罪になることを知る
> 悪いことに誘われた時の断り方を考える

今日は、悪いことをしているところに一緒にいてはいけないということを勉強します。

口頭質問

　このイラストのサングラスの人とブルーのシャツの人は先輩と後輩です。2人で遊びに行く時に、先輩であるサングラスの人が「お金を持ってこい」と脅しています。ブルーのシャツの人は側で立っています。

　この後、サングラスの人がお金を巻き上げたことで逮捕されました。その時、一緒にいたブルーのシャツの人は逮捕されると思いますか？

想定される回答　・逮捕される　・何もしていないから逮捕されない

　脅してお金をとることは「恐喝罪」という犯罪です。恐喝をしている時に一緒にいたことが、一緒に脅したととらえられてしまうことがあります。その場合は、一緒にいた人も恐喝をしたことになってしまいます。　　　　　　　　　　　　（恐喝についてはルールブック6頁参照）

ワーク

　こういう場合にどうするか、考えてみましょう。
　先輩から「一緒に食事に行こう。おごるよ。金をもらうからちょっとここで待っていて」と言われて、先輩が誰かからお金をとろうとしていました。
　あなたはどうしますか。

・きっぱり断る　「してはいけないことなのでできません」

・その場を離れる「急用を思い出しました」

・相談する　　　「お腹が痛い」と言って、トイレに行き相談できる人（ルールブック46頁）に電話する

・気持ちを伝える「そんなことを頼まれるなんて、怖いです」「悲しいです」

※「断る」という答えが出た場合は、「何と言って断りましょうか」と具体的な答えを聞いてみましょう。

※「関係が悪化するから言えない」という答えがでた場合には、関係が悪化することで何が困るか、その先輩以外の人間関係をつくるのはどうか等を話し合いましょう。

※「カツアゲくらいなら、そんなにおおごとじゃない。断りにくい」という答えがでた場合には、「恐喝という犯罪でつかまることがある」さらに、「恐喝だと思っていたら、もっと重い強盗致傷罪という犯罪になってしまうことがある」と伝えて下さい。（ルールブック7頁参照）

 　その答えが実際にできるかどうか、練習してみましょう。私を先輩だと思ってやってみて下さい。

※実際のやりとりをやってみましょう。

　今日は、悪いことをしている人と一緒にいてはいけないということを勉強しました。今日のワークを忘れないようにしましょう。

共犯❶

ワーク
共犯❷

狙い 自分自身で物を盗んだり奪ったりしなくても、その場に居合わせ事実上協力してしまったような場合には、実際に物を持ち去った人と同じ犯罪になることを知る
犯罪の見張りを頼まれた時の断り方を考える

今日は、悪いことをしている人のために見張りをしてはいけないということを勉強します。

口頭質問

このイラストでは、ピンクの服の人がサングラスの人に「外で見ていて、誰か来たら教えて」と言われて、コンビニの外で立っています。サングラスの人は、コンビニで「お金を出せ」と包丁で脅しています。

この後、サングラスの人がコンビニ強盗で逮捕されました。その時、見張りをしていたピンクの服の人は逮捕されると思いますか？

想定される回答 ・逮捕される ・何もしていないから逮捕されない

犯罪をしている時に見張りをしたり、手伝ったりしたら、その犯罪を一緒にしたことになります。例えば自分は包丁で脅していなくても、見張りをしたことで、その犯罪を手伝ったことになり、その人と一緒に強盗罪をしたととらえられてしまうことがあります。

ワーク

こういう場合にどうするか、考えてみましょう。
先輩から「何もしなくていいから、人が来ないか見張っていてほしい」と言われました。先輩はコンビニ強盗をしようとしています。あなたはどうしますか。

・きっぱり断る　「してはいけないことなのでできません」
・その場を離れる「急用を思い出しました」
・相談する　　　「お腹が痛い」と言って、トイレに行き相談できる人（ルールブック46頁）に電話する
・気持ちを伝える「そんなことを頼まれるなんて、怖いです」「悲しいです」

※「断る」という答えが出た場合は、「何と言って断りましょうか」と具体的な答えを聞いてみましょう。
※「関係が悪化するから言えない」という方には、関係が悪化したら困るか、何が困るか、その先輩以外の人間
　関係をつくるのはどうか、等を話し合えるといいです。

ステップ↗アップ　　その答えが実際にできるかどうか、練習してみましょう。私を先輩だと
思ってやってみて下さい。

※実際のやりとりをやってみましょう。

　今日は、悪いことをしている人のために見張りをしてはいけないということを勉強しました。
今日のワークを忘れないようにしましょう。

共犯❷

2 だまって入ってはいけません (ルールブック9頁)

目 的

● 入ってはいけないところに入ると、犯罪になることを学ぶ

支援者に知ってほしいこと

● 建物に入ることが許される「正当な理由」とは何なのかの判断が難しいこと

① 他の人の家や空家 (ルールブック9頁)

人が日常生活で寝食をしている場所（住居）に、正当な理由がなく立ち入ることは住居侵入罪にあたります。

また、住んでいる人がいない建物（会社等）に正当な理由がなく立ち入ると、建造物侵入罪にあたることがあります。

次のような場合にも、建造物侵入罪等にあたる可能性があります。

他の人の家や空家

●空き家：

　住んでいる人がいなくても、建物を管理している人がいる場合は、「住居」ではなく「建造物」にあたることになり、建造物侵入罪として罰則の対象となります。

●廃墟：

　管理している人がいなく、完全に放置されている廃墟の場合等は、建造物侵入罪にはあたりませんが、軽犯罪法1条1号の対象となります

建物に入ることが許される「正当な理由」とは、例えば、住む人の同意があるような場合です。雨宿りをしたり、ボールを取りに行ったりするため、ということであっても、それだけでは、「正当な理由」があるとはいえません。

他の人の家や空家に立ち入る場合には、そこを管理している人の許可がない限り、何らかの犯罪となってしまう場合が多いです。必ず、住民や、そこを管理している人に話をして、許可をもらう必要があります。

② 線路 （ルールブック9頁）・・●

鉄道の安全な運行を妨げるおそれがある行為は、それによってもたらされる危険が大きいことから、重い刑罰が定められています。線路に正当な理由がなく侵入した場合は以下のような刑罰になります。

線路

●一般の線路に侵入した場合：1万円以下の科料（鉄道営業法）
●新幹線の線路に侵入した場合：1年以下の懲役または5万円以下の罰金（新幹線特例法）
●線路に侵入したことで、電車の運行に危険（急停止等）が起こった場合：
　　2年以上の懲役（往来危険罪）

線路上に石等を物を置いた場合は以下のような刑罰になります。
●石等を置いた場合：2年以上の懲役（往来危険罪）
　　※実際に事故が起きなくても同じ
●石等を置いたことで電車に危険（転覆）が起こった場合：無期または3年以上の懲役（汽車転覆等罪）
　　※人が亡くなった場合、死刑または無期懲役

上記のような行為を行った場合は、本人や、法律上の「監督義務者」とされた人（家族や事業所がこれにあたる可能性があります）に対して、鉄道会社から賠償金を請求されることがあります。過去には億単位の賠償金請求がなされたことがあります。

③ 工事現場 （ルールブック9頁）・・●

工事現場に入ることは、軽犯罪法1条32号の対象になる犯罪です。

工事現場

工事現場ですでに建設等が進められ、屋根が付けられているような場合には、建造物侵入罪になることもあります。建造物侵入罪になれば、刑務所に入る（最長3年）か、10万円以下の罰金を払わなければいけません。

④ 学校や保育園 （ルールブック9頁）・・・・・・・・・・・・・・・・・・・・・・・・・・・・・・・・・・・・・●

学校や保育園は、「建造物」に該当するため、ここに正当な理由なく入ることは、建造物侵入罪にあたります。他にも、工場、神社・寺の建物等も建造物になります。

学校や保育園

近年、学校や保育園は、関係者以外立入禁止となっていることがほとんどです。一般に開放しているイベントの日以外は入らないようにしましょう。

ワーク
他の人の家や空家

 住居侵入等：3年以下の懲役または10万円以下の罰金
非居住（非所有）住居侵入：
拘留または科料（軽犯罪法1条1号）

 狙い 人の家や敷地に入ることは犯罪であることを学ぶ
人の家や敷地に入らないためにどうしたらよいかを
考える

今日は、人の家や庭にだまって入ってはいけないということを勉強します。

ワーク❶　だまって家に入られた人はどう思いますか。

想定される回答

・びっくりする　・怖い気持ちになる　・引越したくなる

ワーク❷　人の家や庭にだまって入った人は、どうなりますか。

想定される回答

○**すぐ**

・人がいて通報される　・犬にかまれる、吠えられる　・警備会社が来る

○**後で**

・信用を失う　・仕事をクビになる　・警察につかまる　・家族や周りの人等が悲しむ

・刑務所に行く　・次の仕事につきにくくなる　・事業所に行けなくなる

・グループホームにいられなくなる

人の家や庭に勝手に入ることは「住居侵入」という犯罪です。人が住んでいない家でも同じです。

ワーク❸　人の家や庭に入りたいと思うのはどういう時でしょうか。

※回答が出なかった場合は、「例えば、この人がお金がなかったからお店の物をとった場合、どんなアドバイスが
できますか」（万引きの場合）のように、**ワーク❸**の「想定される回答」を例にあげて、次のワークにつなげて下さい。

人の家や庭に入りたい時はどうしたらよいでしょうか。「がまんする」以外の、具体的な方法を考えてみましょう。

想定される回答

ワーク❸ 人の家や庭に入りたいと思うのはどういう時でしょうか。	ワーク❹ 人の家や庭に入りたい時はどうしたらよいでしょうか。
・ボールが入ってしまった ・洗濯物が入ってしまった	・家の人に、取らせて下さいと頼む ・留守の場合、手紙を書いたり電話をしたりする ・家の人が帰ってくるまで待って、取らせてもらうよう、頼む
・雨宿り	・傘を持ち歩く ・傘を買う ・駅やお店、図書館等に移動する
・家の中に欲しい物があった ・家の中に気になる物があった	左のような答えが出てきた場合は、以下の説明をして下さい。 【説明例】 　「人の家から物をとることは、『窃盗罪』という犯罪です。家の中に欲しい物があったら、どうしたらいいですか」 【想定される回答】 ・信頼できる人（ルールブック 46 頁）に相談する ・欲しい物・気になる物を買えるように計画を立てる
・いたずらで ・楽しそうだから	・他の楽しみを見つける ・他の趣味を見つける

今日は、人の家や庭にだまって入ってはいけないということを勉強しました。今日のワークを忘れないようにしましょう。

他の人の家や空家

ワーク
線路

⚖️ **鉄道営業法**：1 万円以下の科料
新幹線特例法：1 年以下の懲役または 5 万円以下の罰金
往来危険：2 年以上の懲役

狙い　線路に入ることは犯罪であることを学ぶ
線路に入らないためにどうしたらいいかを考える

今日は、線路に入ってはいけないということを勉強します。

ワーク ❶　線路に入ったら、何が起こりますか。

想定される回答
・電車を止めてしまう　・電車にひかれてケガをしたり、死んでしまったりする
・駅員さんや運転手さんに怒られる

ワーク ❷　その結果、誰が困りますか。

想定される回答
・鉄道会社　・電車に乗っている人　・電車を待っている人

ワーク ❸　線路に入った人は、どうなりますか。

想定される回答
・信用を失う　・仕事をクビになる　・警察につかまる　・家族や周りの人等が悲しむ
・刑務所に行く　・次の仕事につきにくくなる　・事業所に行けなくなる
・グループホームにいられなくなる　・鉄道会社から賠償を求められる

　線路に入ることは、犯罪です。線路に入ったことで、電車の運行に危険が起こったり、新幹線の線路に入ったりした場合にも、犯罪になります。
　電車を止めてしまったら、損害を賠償するお金を払わなければなりません。これまでに線路に入った人やその家族に数億円のお金を請求されたことがあります。
　また自分もケガをしてしまうかもしれず、とても危険です。

第1章　してはいけないこと

〔いたずらで置き石を置くことについても必要に応じて説明〕

いたずらで線路に石やゴミ等を置くことも、重大な犯罪になります。電車がひっくり返る等、大きな事故が起きてしまう可能性があるからです。

ワーク ④

線路に入りたいと思うのはどういう時でしょうか。

※回答が出なかった場合は、「例えば、この人がお金がなかったからお店の物をとった場合、どんなアドバイスができますか」（万引きの場合）のように、**ワーク❸**の「想定される回答」を例にあげて、次のワークにつなげて下さい。

ワーク ⑤

線路に入りたい時はどうしたらいいですか。「がまんする」以外の、具体的な方法を考えてみましょう。

想定される回答

ワーク❹ 線路に入りたいと思うのはどういう時でしょうか。	ワーク❺ 線路に入りたい時はどうしたらいいですか。
・記念に写真を撮ろうと思った	・線路が危険なことを思い出す ・安全な場所で撮る
・ふざけていた ・いたずら ・楽しそうだった	・他の楽しいことを見つける ・他の趣味を見つける
・道に迷った	・線路から出る
・近道だと思った	・危険なことを思い出す

線路

今日は、線路に入ってはいけないということを勉強しました。今日のワークを忘れないようにしましょう。

工事現場

　住居侵入等：3 年以下の懲役または 10 万円以下の罰金
非居住（非所有）住居侵入：
拘留または科料（軽犯罪法 1 条 32 号）

狙い　工事現場に入ることは犯罪であることを学ぶ
工事現場に入らないためにどうしたらよいかを考える

今日は、工事現場に入ってはいけないということを勉強します。

ワーク ❶　工事現場に入ったら、何が起こりますか。

想定される回答

・ペンキで汚れる　・工事をしている人に怒られる　・建材等が崩れてケガをする

ワーク ❷　工事現場に入ると誰が困りますか。

想定される回答

・工事をしている人　・持ち主　・通りかかった人

　工事現場はいろいろな危険なものが置いてあります。勝手に中を歩くことで置いてあるものが崩れて、周りの人にケガをさせてしまうことがあります。自分がケガをすることもあります。また、ペンキやコンクリートが乾いていないところを歩き回ることで、もう一度作業をやり直さなくてはいけなくなります。たくさんの人に迷惑をかけることになります。

ワーク ❸　工事現場に入ったら、入った人はどうなりますか。

想定される回答

・信用を失う　・仕事をクビになる　・警察につかまる　・家族や周りの人等が悲しむ
・刑務所に行く　・次の仕事につきにくくなる　・事業所に行けなくなる
・グループホームにいられなくなる

　工事現場に勝手に入ることは、人の家に勝手に入ることと同じような犯罪です。
　工事現場に入って物を壊してしまったら、壊した物を弁償するためのお金を払わなければなりません。また、人にケガをさせてしまったら、治療費や慰謝料（謝罪のお金）を払わなければならないこともあります。自分がケガをすることもあります。とても危険です。たくさんのお金がかかります。

ワーク ❹　工事現場に入りたいと思うのはどういう時でしょうか。

※回答が出なかった場合は、「例えば、この人がお金がなかったからお店の物をとった場合、どんなアドバイスができますか」（万引きの場合）のように、**ワーク❸**の「想定される回答」を例にあげて、次のワークにつなげて下さい。

ワーク ❺　工事現場に入りたい時はどうしたらいいですか。「がまんする」以外の、具体的な方法を考えてみましょう。

想定される回答

ワーク❹ 工事現場に入りたいと思うのはどういう時でしょうか。	ワーク❺ 工事現場に入りたい時はどうしたらいいですか。
・雨宿り	・傘を持ち歩く ・傘を買う ・駅やお店、図書館等に移動する
・デートで2人きりになりたい	・家など安全な他の場所を探す
・近道だから	・危険なことを思い出す
・いたずらで ・楽しそうだから	・他の楽しみを見つける ・他の趣味を見つける

今日は、工事現場に入ってはいけないということを勉強しました。
今日のワークを忘れないようにしましょう。

工事現場

77

ワーク
学校や保育園

⚖️ **住居侵入等：**3年以下の懲役または 10 万円以下の罰金
非居住（非所有）住居侵入：
拘留または科料（軽犯罪法 1 条 32 号）

狙い 学校や保育園に入ることは犯罪であることを知る
学校に入らないためにどうしたらよいかを考える

今日は、学校に勝手に入ってはいけないということを勉強します。

※「学校」の部分は保育園や幼稚園等必要に応じて変更して下さい。

ワーク ❶　学校に勝手に入ったら、学校にいる先生や生徒はどう思いますか？

想定される回答
・知らない人が来たので怖い思いをする　・びっくりする　・「不審者だ！」と思う

ワーク ❷　学校に勝手に入ったら、入った人はどうなりますか？

想定される回答
○すぐ
・不審者として通報される　・とりかこまれる　・怒られる
○後で
・信用を失う　・仕事をクビになる　・警察につかまる　・家族や周りの人等が悲しむ
・刑務所に行く　・次の仕事につきにくくなる　・事業所に行けなくなる
・グループホームにいられなくなる

　学校に勝手に入ることは、人の家に勝手に入ることと同じような犯罪です。学校に人がいない時も同じです。必ず通報されますし、逮捕される可能性も高くなります。卒業した母校でも同じです。

ワーク ❸　学校に入りたいと思うのはどういう時でしょうか。

※回答が出なかった場合は、「例えば、この人がお金がなかったからお店の物をとった場合、どんなアドバイスができますか」（万引きの場合）のように、**ワーク❸**の「想定される回答」を例にあげて次のワークにつなげて下さい。

第
1
章

してはいけないこと

ワーク ❹ 　学校に入りたい時はどうしたらいいですか。「がまんする」以外の、具体的な方法を考えてみましょう。

想定される回答

ワーク❸ 学校に入りたいと思うのはどういう時でしょうか。	ワーク❹ 学校に入りたい時はどうしたらいいですか。
・先生に会いたかった ・近くに来たので寄った	・守衛さんに伝える ・事前に学校に連絡して、先生に会う約束をする
・雨宿り	・傘を持ち歩く ・傘を買う ・駅やお店、図書館等に移動する
・近道だから	・犯罪になることを思い出す
・ふざけていた ・遊ぶため	・学校の開放日に入る ・別の場所を探す

　今日は、学校に勝手に入ってはいけないということを勉強しました。今日のワークを忘れないようにしましょう。

学校や保育園

3 暴力をふるってはいけません (ルールブック 10-14 頁)

目的

● 暴力が犯罪になることを学ぶ
● 「人」に対する暴力と「物」に対する暴力について学ぶ
● どんな理由があっても、暴力はしてはいけないことを学ぶ
● 暴力をふるわないためにどうするかを考える

支援者に知ってほしいこと

● 暴力は何らかのストレスや怒りの発散であることが多いこと
● 他の方法で発散することができるような取り組みが重要であること
● 暴力（体罰）を受けた子どもは暴力的になる可能性が高くなるといわれていること

① 人に対する暴力 (ルールブック 10 頁)

「暴力」とは、殴る、蹴る、物で叩く、物でつつく、物を投げる等、何らかの力を加えようとする行為を言います。

人に対する暴力に関しては以下のような犯罪が成立します。

●暴力をふるうこと：暴行罪
●暴力をふるった結果、相手の人がケガをしてしまった場合：傷害罪
●暴力をふるった結果、相手の人が死んでしまった場合：傷害致死罪

※人に対して直接暴力をふるっていない時も、暴行罪にあたることがあります。

例）・人の近くを狙って物を投げる
　　・拡声器等を使って人の耳の近くで、大きな音を出す

② 家族・恋人に対する暴力 （ルールブック 11 頁） ··········●

　家族や恋人に対する暴力も、「人に対する暴力」と
同じ犯罪（暴行罪、傷害罪、傷害致死罪）にあたります。
　配偶者や恋人等親密な関係にある、または親密な関
係にあった人からふるわれる暴力のことを DV（ドメ
スティック・バイオレンス）といいます。
　家族や恋人を「自分のもの」と考え、そういう人た
ちへの暴力を①のような暴力とは違う、と考える人も
います。まずは①と同じ暴力になることを伝えましょ
う。また、そのように考えてしまう背景には、様々な
事情（虐待を受けた体験等）があります。これに対す
るケアは、専門機関（DV 加害者治療をしている病院、
自助グループ等）に相談しましょう。

恋人に暴力をふるう

家族に暴力をふるう
（家庭内暴力：DV）

自分の子どもに暴力をふるう
（児童虐待）

③ 自分の物を取りかえすための暴力 （ルールブック 12 頁） ··········●

　自分の物を取り返すための暴力は、①と同じ犯罪（暴
行罪、傷害罪、傷害致死罪）にあたります。
　「返してくれない相手が悪い」「ひどい目にあったか
ら仕返しをする」ということは暴力が認められる理由
にはなりません。

暴力をふるって、自分のものを取り返す

④ しつけや注意のための暴力（体罰） （ルールブック 12 頁） ··········●

　しつけや注意のための暴力は、①と同じ犯罪（暴行
罪、傷害罪、傷害致死罪）にあたります。
　「相手のために暴力をふるってでも、教えないとい
けない」「愛のムチだ」という考えは、暴力が認めら
れる理由にはなりません。

暴力をふるって、注意をする

⑤ 物への暴力（器物損壊）(ルールブック 13 頁) ·····················●

　物に対する暴力に関しては以下のような犯罪が成立します。

- ●暴力をふるった結果、その物を壊した場合：器物損壊罪
- ●暴力をふるった物が建物の一部である場合：建造物損壊罪

車を傷つける

バスや電車のシートを切る

落書きをする

「壊す」とは、物理的に壊れている場合はもちろんですが、その物を使えない状態にしたり、その物の価値を下げることも含まれます。以下のような場合も器物損壊罪にあたります。

- ●美術品に落書きをする
- ●建物のガラスにチラシ等を大量に貼る

店の看板やドア
家の壁や門を壊す

会社やグループホームのものを壊す

また、人の飼っているペットを傷つけることも、器物損壊にあたります。

⑥ 過失傷害 (ルールブック 14 頁) ·····················●

　わざとではないが人にケガをさせてしまったり（過失傷害罪）、死なせてしまった（過失致死罪）場合、犯罪になります。

スマホを見ながら歩いていて
他の人にケガをさせてしまう

歩きながらタバコを吸っていて
他の人にやけどをさせてしまう

　例）・スマホを見ながら歩いていて人にぶつかった
　　　・タバコの灰を落とそうとして人にぶつけた

怒りの感情との付き合い方について

- 安藤俊介『はじめての「アンガーマネジメント」実践ブック』（ディスカヴァー・トゥエンティワン，2016）

  「アンガーマネジメント」について、怒りのタイプ、トレーニング方法、上手な付き合い方などが書かれた本。

- 野津春枝『思春期・青年期版　アンガーコトントロールトレーニング － 怒りを上手に抑えるためのワークブック』（星和書店，2013 年）

  〔解説書〕

  ・エマ・ウィリアムズ / レベッカ・バーロウ『軽装版　アンガーコントロールトレーニング　怒りを上手に抑えるためのステップガイド』（星和書店，2012 年）

  怒りの感情を制御するためのプログラムを実施するための「ワークブック」と「解説書」。実際に書き込みながらプログラムを進めることができる。

- ドーン・ヒューブナー『イラスト版子どもの認知行動療法② 「だいじょうぶ自分でできる怒りの消化法ワークブック」』（明石書店，2009 年）

  子どもが自分で書き込みながら、怒りの感情とつきあっていくためのワークブック。いろいろなたとえを用いて子どもの目線で語ってる、絵本のような本。

- ロバート・D・フリードバーグ他『子どものための認知療法演習帳』（創元社，2006 年）

  〔解説書〕

  ・ロバート・D・フリードバーグ他『子どものための認知療法練習帳ガイドブック』（創元社，2008 年）

  子ども（対象：8 歳から 11 歳）の認知行動的な対処スキルが紹介された「練習帳」とその使い方や事例に即した対応方法が書かれた「ガイドブック」。「練習帳」の各課題はセラピストのガイドと対象者が書き込むワークで構成されている。課題 14 「怒りの海を乗り切れ」に怒りや焦燥感のコントロールを支援するための課題がある。

なぐる・蹴る・もので叩く・ものを投げる・ものでつく

⚖ **暴行**：2 年以下の懲役もしくは 30 万円以下の罰金または拘留もしくは科料

傷害：15 年以下の懲役または 50 万円以下の罰金

傷害致死：3 年以上 30 年以下の懲役

狙い **暴力をふるわないためにどうしたらいいかを考える**

※殴る、蹴る、物を投げる、物でつく、物で殴る、はこの説明で実施して下さい。

今日は、暴力をふるってはいけないということを勉強します。

ワーク ❶　殴られた人はどうなりますか。

想定される回答

・怒る　・悲しい　・怖い思いをする　・痛い思いをする　・ケガをする

※「言うことを聞くようになる」という答えが出た場合は、「相手はなぜ言うことを聞くのでしょうか」と聞いてみて、上記のような回答につなげて下さい。

ワーク ❷　殴った人はどうなりますか。

想定される回答

○**すぐに**

・通報される　・殴り返される

○**後で**

・信用を失う　・仕事をクビになる　・警察につかまる　・家族や周りの人等が悲しむ

・刑務所に行く　・次の仕事につきにくくなる　・事業所に行けなくなる

・グループホームにいられなくなる　・自分もケガをするかもしれない

・治療費、慰謝料を払わないといけない

　暴力は、「暴行」や「傷害」という犯罪です。ケガをさせるつもりがなかったとしても、暴力をふるったことで相手がケガをすれば、暴行罪ではなく、さらに重い傷害罪になります。もし亡くなったら、傷害致死罪です。どんどん重い犯罪になります。

　また、相手の治療費や、慰謝料（謝罪のお金）を払わなければなりません。たくさんのお金がかかります。

ワーク ❸　この人はなぜ暴力をふるったのでしょうか。

※回答が出なかった場合は、「例えば、この人がお金がなかったからお店の物をとった場合、どんなアドバイスができますか」（万引きの場合）のように、**ワーク❸**の「想定される回答」を例にあげて次のワークにつなげて下さい。

ワーク ❹　この人が暴力をふるわないためにはどうしたらいいかアドバイスしましょう。「がまんする」以外の、具体的な方法を考えてみましょう。

想定される回答

ワーク❸ この人はなぜ暴力をふるったのでしょうか。	ワーク❹ この人が暴力をふるわないためにはどうしたらいいかアドバイスしましょう。
・イライラしていた ・むかついたから ・カッとなったから ・ストレスがたまっている ・相手が自分より弱いから	〔その場で暴力をふるわないための方法〕 　・深呼吸をする 　・その場を離れる（相手と距離をとる） 　・6秒数える ※怒りの衝動に対して、「暴力はだめだ」というような、理性が介入するまでに6秒かかると言われている。 〔イライラする気持ち自体を解消するための方法〕 　・違うことで発散する （ジム・バッティングセンター／布団にもぐって叫ぶ／枕・クッションを叩く等） 　・趣味を見つける 　・話を聞いてもらう
しつけ、指導 　・言うことを聞かない 　・まちがいを教える 相手が先に悪いことをした 　・嫌なことを言われた 　・ぶつかって謝らなかった	〔その場で暴力をふるわないための方法〕 　※上の欄を参照。 〔そもそもの原因を解消するための方法〕 　・信頼できる人（ルールブック46頁）に相談する 　・信頼できる人（ルールブック46頁）に立ち会ってもらって話し合う 　1対1は避けましょう 　※どんな場合でも、暴力（体罰）はだめだと伝えましょう。
・相手をしてもらいたかった	・友だちになる方法を考える
・遊びのつもりだった ・ふざけていた	・暴力以外の遊びを考える ・危険だということを思い出す
・正当防衛 ・襲われそうになったから ・いじめられている	・助けを呼ぶ ・信頼できる人（ルールブック46頁）に相談する

　今日は暴力をふるってはいけないということを勉強しました。今日のワークを忘れないようにしましょう。

なぐる・蹴る・もので叩く・ものを投げる・ものでつつく

ワーク

恋人に暴力をふるう

 暴行：2 年以下の懲役もしくは 30 万円以下の罰金または拘留もしくは科料
傷害：15 年以下の懲役または 50 万円以下の罰金
傷害致死：3 年以上 30 年以下の懲役

狙い 家族や恋人への暴力も他の人への暴力と同じだということを知る
暴力をふるわないためにどうしたらいいかを考える

今日は、恋人に暴力をふるってはいけないということを勉強します。

ワーク ❶ 　恋人に暴力をふるったら、暴力をふるわれた恋人はどうなりますか。

想定される回答

・ケガをする 　・恋人が怖くなってこれから恋愛ができなくなる 　・相手のことが嫌いになる 　・怒る

※「言うことを聞くようになる」という答えが出た場合は、「恋人はなぜ言うことを聞くようになったのでしょうか」と聞いてみて、上記のような回答につなげて下さい。

ワーク ❷ 　恋人に暴力をふるった人はどうなりますか。

想定される回答

○**すぐに**

・通報される 　・殴り返される 　・けんかになる

○**後で**

・信用を失う 　・仕事をクビになる 　・警察につかまる 　・家族や周りの人等が悲しむ
・刑務所に行く 　・次の仕事につきにくくなる 　・事業所に行けなくなる
・グループホームにいられなくなる 　・自分もケガをする
・治療費、慰謝料を払わないといけない 　・ふられる

　もしかしたら、恋人だから暴力をふるっても許されると思う人がいるかもしれません。ですが、恋人に暴力をふるうのも、他の人に暴力をふるうのと同じ「暴行」や「傷害」という犯罪です。
　ケガをさせるつもりがなかったとしても、暴力をふるったことで相手がケガをすれば、暴行罪ではなく、さらに重い傷害罪になります。もし亡くなったら、傷害致死罪です。どんどん重い犯罪になります。
　イラストとは逆に女性が男性に暴力を振るう場合でも同じです。家族や子どもに対する暴力も同じ「暴行」や「傷害」という犯罪です。また、暴力をふるった相手の治療費、慰謝料（謝罪のお金）を払わなければなりません。たくさんのお金がかかります。

※回答が出なかった場合は、「例えば、この人がお金がなかったからお店の物をとった場合、どんなアドバイスが できますか」（万引きの場合）のように、**ワーク❸**の「想定される回答」を例にあげて、次のワークにつなげて下さい。

ワーク ❹   この人が恋人に暴力をふるわないためにどうしたらいいかアドバイスし ましょう。「がまんする」以外の、具体的な方法を考えてみましょう。

想定される回答

ワーク❸ この人はなぜ、恋人に暴力をふるってしまったのでしょうか。	ワーク❹ この人が恋人に暴力をふるわないためにどうしたらいいかアドバイスしましょう。
・イライラしていた ・むかついたから ・カッとなったから ・ストレスがたまっている ・相手が自分より弱いから	〔その場で暴力をふるわないための方法〕 　・深呼吸をする 　・その場を離れる（相手と距離をとる） 　・6秒数える ※怒りの衝動に対して、「暴力はだめだ」というような、理性が 　介入するまでに6秒かかると言われている。<hr>〔イライラする気持ち自体を解消するための方法〕 　・違うことで発散する 　（ジム・バッティングセンター／布団にもぐって叫ぶ／枕・クッションを叩く等） 　・趣味を見つける 　・話を聞いてもらう
しつけ、指導 　・言うことを聞かない 　・まちがいを教える 相手が先に悪いことをした 　・嫌なことを言われた 　・ぶつかって謝らなかった	〔その場で暴力をふるわないための方法〕 　※上の欄を参照 〔そもそもの原因を解消するための方法〕 　・信頼できる人（ルールブック46頁）に相談する 　・信頼できる人（ルールブック46頁）に立ち会ってもらって話し合う 　1対1は避けましょう 　※どんな場合でも、暴力（体罰）はだめだと伝えましょう。
自分の気持ちをわかっていないから 思うようにならなかった	どういう気持ちをわかってもらいたかったのか、言葉で伝える

　今日は恋人に暴力をふるってはいけないということを勉強しました。今日のワークを忘れない ようにしましょう。

　もし、自分が恋人から暴力を受けていたら、信頼できる人（ルールブック46頁）に相談をしま しょう。

恋人に暴力をふるう

ワーク

家族に暴力をふるう(家庭内暴力:DV)

 暴行:2年以下の懲役もしくは30万円以下の罰金または拘留もしくは科料

傷害:15年以下の懲役または50万円以下の罰金

傷害致死:3年以上30年以下の懲役

狙い 家族や恋人への暴力も他の人への暴力と同じだということを知る

暴力をふるわないためにどうしたらいいかを考える

今日は、家族に暴力をふるってはいけないということを勉強します。

ワーク❶ 家族を殴ったら、殴られた家族はどうなりますか。

想定される回答

・ケガをする　・子どもがショックを受ける　・怖くて家庭が辛くなる

※「言うことを聞くようになる」という答えが出た場合は、「家族はなぜ言うことを聞くようになったのでしょうか」と聞いてみて、上記のような回答につなげて下さい。

ワーク❷ 殴った人はどうなりますか。

想定される回答

○すぐに

・通報される　・他の家族に怒られる

○後で

・信用を失う　・仕事をクビになる　・警察につかまる　・家族や周りの人等が悲しむ

・刑務所に行く　・次の仕事につきにくくなる　・事業所に行けなくなる

・グループホームにいられなくなる　・自分もケガをする

・治療費、慰謝料を払わないといけない　・家族の仲や雰囲気が悪くなる

・口をきいてもらえなくなる　・家を出ていかれる(別居)　・離婚される

・子どもに会えなくなる(子どもが施設に保護される)

家族だし、暴力をふるってもいいと思った人がいるかもしれません。ですが、家族に暴力をふるうのも他の人に暴力をふるうのと同じ暴力で、「暴行」や「傷害」という犯罪です。

　ケガをさせるつもりがなかったとしても、暴力をふるったことで相手がケガをすれば、暴行罪ではなく、さらに重い傷害罪になります。もし亡くなったら、傷害致死罪です。どんどん重い犯罪になります。

　また、子どもへの暴力は虐待になりますので、子どもと引きはなされ、会えなくなることがあります。子ども自身に暴力をふるっていなくても、子どもの前で父が母に、母が父に暴力をふるっていることでショックを与えてしまい、それが子どもへの心理的虐待になることもあります。

　イラストとは逆にお母さんがお父さんに暴力をふるう場合や、兄弟同士で暴力をふるう場合、子どもが親に暴力をふるう場合も同じです。すべて同じ「暴行」や「傷害」という犯罪です。

　また、暴力をふるった相手の治療費や、慰謝料（謝罪のお金）を払わなければなりません。たくさんのお金がかかります。

ワーク❸　この人はなぜ家族に暴力をふるってしまったのでしょうか。

※回答が出なかった場合は、「例えば、この人がお金がなかったからお店の物をとった場合、どんなアドバイスができますか」（万引きの場合）のように、**ワーク❸**の「想定される回答」を例にあげて、次のワークにつなげて下さい。

ワーク❹　この人が家族に暴力をふるわないためにどうしたらいいかアドバイスしましょう。「がまんする」以外の、具体的な方法を考えてみましょう。

ワーク❸ この人はなぜ家族に暴力をふるってしまったのでしょうか。	ワーク❹ この人が家族に暴力をふるわないためにどうしたらいいかアドバイスしましょう。
・イライラしていた ・むかついたから ・カッとなったから ・ストレスがたまっている ・相手が自分より弱いから	〔その場で暴力をふるわないための方法〕 　・深呼吸をする 　・その場を離れる（相手と距離をとる） 　・6秒数える 　※怒りの衝動に対して、「暴力はだめだ」というような、理性が 　　介入するまでに6秒かかると言われている。 〔イライラする気持ち自体を解消するための方法〕 　・違うことで発散する （ジム・バッティングセンター／布団にもぐって叫ぶ／枕・クッションを叩く等） 　・趣味を見つける 　・話を聞いてもらう
しつけ、指導 　・言うことを聞かない 　・まちがいを教える 相手が先に悪いことをした 　・嫌なことを言われた 　・ぶつかって謝らなかった	〔その場で暴力をふるわないための方法〕 　※上の欄を参照 〔そもそもの原因を解消するための方法〕 　・信頼できる人（ルールブック46頁）に相談する 　・信頼できる人（ルールブック46頁）に立ち会ってもらって話 　し合う 　1対1は避けましょう 　※どんな場合でも、暴力（体罰）はだめだと伝えましょう。
自分の気持ちをわかっていないから思うようにならなかった	どういう気持ちをわかってもらいたかったのか、言葉で伝える

今日は家族に暴力をふるってはいけないというルールを勉強をしました。今日のワークを忘れないようにしましょう。

もし、自分が家族から暴力を受けていたら、信頼できる人（ルールブック46頁）に相談をしましょう。

ワーク

自分の子どもに暴力をふるう（児童虐待）

 暴行：2年以下の懲役もしくは30万円以下の罰金または拘留もしくは科料

傷害：15年以下の懲役または50万円以下の罰金

傷害致死：3年以上30年以下の懲役

狙い 家族や恋人への暴力も他の人への暴力と同じだということを知る
暴力をふるわないためにどうしたらいいかを考える

今日は、家族に暴力をふるってはいけないということを勉強します。

ワーク ❶ お母さんから叩かれた子どもはこの後どうなりますか。

想定される回答

・ケガをする　・お母さんが信頼できなくなる　・お母さんが嫌いになる　・暴力的な大人になる

※「言うことを聞くようになる」という答えが出た場合は、「子どもはなぜ言うことを聞くようになったのでしょうか」と聞いてみて、上記のような回答につなげて下さい。

ワーク ❷ 叩いたお母さんはどうなりますか。

想定される回答

○すぐに

・通報される

○後で

・信用を失う　・仕事をクビになる　・警察につかまる　・家族や周りの人等が悲しむ

・刑務所に行く　・次の仕事につきにくくなる　・事業所に行けなくなる

・グループホームにいられなくなる　・自分もケガをする

・治療費、慰謝料を払わないといけない　・家族の仲や雰囲気が悪くなる

・口をきいてもらえなくなる　・家を出ていかれる（別居）

・子どもに暴力をふるう妻は困ると言われ、離婚される

・子どもに会えなくなる（子どもが施設に保護される）

自分の子どもに暴力をふるう（児童虐待）

親が子どもへのしつけをしているのであれば、叩いてもいいと思った人がいるかもしれません。ですが、子どもを叩くのはしつけのつもりであっても、他の人を叩くのと同じで、「暴行」や「傷害」という犯罪です。

　ケガをさせるつもりがなかったとしても、暴力をふるったことで相手がケガをすれば、暴行罪ではなく、さらに重い傷害罪になります。もし亡くなったら、傷害致死罪です。どんどん重い犯罪になります。お父さんが子どもに暴力をふるう場合でも、子どもがお父さんやお母さんに暴力をふるう場合でも同じです。家族や恋人に対する暴力も同じ「暴行」や「傷害」という犯罪です。

　また、子どもへの暴力は虐待として子どもと引きはなされ、会えなくなることがあります。暴力を受けて育った子どもは、暴力的な大人になるとも言われています。

ワーク ③　お母さんはなぜ、子どもを叩いてしまったのでしょうか。

※回答が出なかった場合は、「例えば、この人がお金がなかったからお店の物をとった場合、どんなアドバイスができますか」（万引きの場合）のように、**ワーク③**の「想定される回答」を例にあげて次のワークにつなげて下さい。

ワーク ④　お母さんが子どもを叩かないためにどうしたらいいかアドバイスしましょう。「がまんする」以外の、具体的な方法を考えてみましょう。

ワーク❸ お母さんはなぜ、子どもを叩いてしまったのでしょうか。	ワーク❹ お母さんが子どもを叩かないためにどうしたらいいかアドバイスしましょう。
・イライラしていた ・むかついたから ・カッとなったから ・ストレスがたまっている ・相手が自分より弱いから	〔その場で暴力をふるわないための方法〕 　・深呼吸をする 　・その場を離れる（相手と距離をとる） 　・6秒数える 　※怒りの衝動に対して、「暴力はだめだ」というような、理性が介入するまでに6秒かかると言われている。 〔イライラする気持ち自体を解消するための方法〕 ・違うことで発散する 　（ジム・バッティングセンター／布団にもぐって叫ぶ／枕・クッションを叩く等） ・趣味を見つける ・話を聞いてもらう
しつけ、指導 　・言うことを聞かない 　・まちがいを教える 相手が先に悪いことをした 　・嫌なことを言われた 　・ぶつかって謝らなかった	〔その場で暴力をふるわないための方法〕 　※上の欄を参照 〔そもそもの原因を解消するための方法〕 　・信頼できる人（ルールブック46頁）に相談する 　・信頼できる人（ルールブック46頁）に立ち会ってもらって話し合う 　※どんな場合でも、暴力（体罰）はだめだと伝えましょう。
自分の気持ちをわかっていないから思うようにならなかった	どういう気持ちをわかってもらいたかったのか、言葉で伝える

　今日は家族に暴力をふるってはいけないということを勉強しました。今日のワークを忘れないようにしましょう。

　もし、自分が家族から暴力を受けていたら、信頼できる人（ルールブック46頁）に相談をしましょう。

自分の子どもに暴力をふるう（児童虐待）

ワーク

自分のものを取り返す

⚖ **暴行**：2 年以下の懲役もしくは 30 万円以下の罰金または拘留もしくは科料

傷害：15 年以下の懲役または 50 万円以下の罰金

傷害致死：3 年以上 30 年以下の懲役

狙い 理由があっても暴力は犯罪になることを知る
自分の物を返してもらえない時にどうしたらいいかを考える

今日は、理由があっても暴力をふるってはいけないということを勉強します。

ワーク ❶

自分のゲームを友だちが勝手に使っていて、返してくれません。何度言っても返してくれないので、青いシャツの人は、ゲームをしている友だちに、「返せ！」とつかみかかり、殴って取り返しました。殴られた人はどうなりますか。

想定される回答

・ケガをする　・怒って殴りかえす　・怖い思いをする

※「ゲームを返してくれる」「あやまる」という答えが出た場合は、「友だちはなぜゲームを返してくれたのでしょうか」「なぜあやまったのでしょうか」と聞いてみて、上記のような回答につなげて下さい。

ワーク ❷

殴った青いシャツの人はどうなりますか。

想定される回答

○**すぐに**

・けんかになる　・周りの人に止められる　・警察につかまる

○**後で**

・信用を失う　・仕事をクビになる　・警察につかまる　・家族や周りの人等が悲しむ

・刑務所に行く　・次の仕事につきにくくなる　・事業所に行けなくなる

・グループホームにいられなくなる　・自分もケガをするかもしれない

・治療費、慰謝料を払わないといけない　・友だちに縁を切られる

第1章　してはいけないこと

ゲームを勝手に使っている友だちが悪いし、取り返しただけだからかまわないと思った人がいるかもしれません。ですが、自分の物を取り返すためであっても、「暴行」や「傷害」という犯罪になります。

　ケガをさせるつもりがなかったとしても、暴力をふるったことで相手がケガをすれば、暴行罪ではなく、さらに重い傷害罪になります。もし亡くなったら、傷害致死罪です。どんどん重い犯罪になります。

　また、暴力をふるった相手の治療費や、慰謝料（謝罪のお金）の支払いをしなければなりません。たくさんのお金を払うことになります。

ワーク ❸

貸した物を返してもらえない時、あなたならどうしますか。がまんする以外の、具体的な方法を考えてみましょう。

想定される回答

・信頼できる人（ルールブック 46 頁）に相談する
・「それは私の物だから、返して下さい」と頼む

ステップアップ

実際に、物を返してもらう時の実演をしてみましょう。

・「返して下さい」と言葉で伝える

なかなか返してもらえないパターンの実演もしてみましょう。

・信頼できる人に相談する、警察に言う等の練習

　今日は理由があっても暴力をふるってはいけないということを勉強しました。今日のワークを忘れないようにしましょう。

自分のものを取り返す

ワーク

注意をする

⚖ **暴行**:2 年以下の懲役もしくは 30 万円以下の罰金または拘留もしくは科料

　　傷害:15 年以下の懲役または 50 万円以下の罰金

　　傷害致死:3 年以上 30 年以下の懲役

狙い 理由があっても暴力は犯罪になることを知る
何か注意したい時にどうしたらいいかを考える

今日は、理由があっても暴力をふるってはいけないということを勉強します。

ワーク ❶

仕事中に、さぼってマンガを読んでいる後輩がいます。何度注意しても
やめません。やめさせるために、「何サボっているんだ!」と殴りました。
殴られた人はどうなりますか。

想定される回答

・怒る　・悲しくなる　・怖い思いをする　・会社に行くのが怖くなる。

※「マンガを読むのをやめる」という答えが出た場合は、「相手はなぜマンガを読むのをやめたのでしょうか」と
　聞いてみて、上記のような回答につなげて下さい。

ワーク ❷

殴った人はどうなりますか。

想定される回答

○**すぐに**

・上司に怒られる　・周りの人に止められる

○**後で**

・信用を失う　・仕事をクビになる　・警察につかまる　・家族や周りの人等が悲しむ

・刑務所に行く　・次の仕事につきにくくなる　・事業所に行けなくなる

・グループホームにいられなくなる　・自分もケガをするかもしれない

・治療費、慰謝料を払わないといけない　・会社で居場所がなくなる

第1章　してはいけないこと

仕事をさぼっている後輩が悪いし、教えるためだからかまわないと思った人がいるかもしれません。ですが、どんな理由があっても、暴力は「暴行」や「傷害」という犯罪です。

　ケガをさせるつもりがなかったとしても、暴力をふるったことで相手がケガをすれば、暴行罪ではなく、さらに重い傷害罪になります。もし亡くなったら、傷害致死罪です。どんどん重い犯罪になります。

　また、暴力をふるった相手の治療費や、慰謝料（謝罪のお金）を払わなければなりません。たくさんのお金がかかります。

ワーク❸

こういう場合はあなたならどうしますか。「がまんする」以外の、具体的な方法を考えてみましょう。

想定される回答

・信頼できる人（ルールブック46頁）に相談する　・諦める　・上司に相談する

※「自分で注意する」という人がいたら、何回も注意しても聞かない人はどうしますか。と聞いてみましょう。また、職場で直接注意をすると、トラブルになることが多いので、上司に相談するように伝えて下さい。

　今日は理由があっても暴力をふるってはいけないというルールを勉強しました。今日のワークを忘れないようにしましょう。

バスや電車のシートを切る

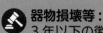 **器物損壊等：**
3 年以下の懲役または 30 万円以下の罰金もしくは科料

 狙い　物を壊すことは犯罪になることを知る
物を壊したくなった時に、どうしたらいいかを考える

今日は、物を壊したり傷つけたりしてはいけないということを勉強します。

ワーク ❶　電車やバスのシートを切ったら誰が困りますか。

想定される回答

・バスや電車の会社（理由：シートを交換する費用がかかる）

・乗客（理由：そのシートに座れなくなる）

ワーク ❷　シートを切った人はどうなりますか。

想定される回答

○すぐに

・周りの人に変な目で見られる　・通報される　・運転手や車掌さんに怒られる

○後で

・信用を失う　・仕事をクビになる　・警察につかまる　・家族や周りの人等が悲しむ

・刑務所に行く　・次の仕事につきにくくなる　・事業所に行けなくなる

・グループホームにいられなくなる　・壊したものを弁償しなければならない

・今後、バスや電車に乗れなくなる

　物を壊したり、傷つけたりすることは、「器物損壊」という犯罪です。
また、傷つけた物を弁償しなければなりません。たくさんのお金がかかります。

第1章　してはいけないこと

ワーク **3**　この人はなぜ、シートを切ったのでしょうか。

※回答が出なかった場合は、「例えば、この人がお金がなかったからお店の物をとった場合、どんなアドバイスが
　できますか」（万引きの場合）のように、**ワーク❸**の「想定される回答」を例にあげて次のワークにつなげて下さい。

ワーク **4**　この人がシートを切らないようにするためにどうしたらいいかアドバイ
　　　　　　スしましょう。「がまんする」以外の、具体的な方法を考えてみましょう。

想定される回答

ワーク❸ この人はなぜ、シートを切ったの でしょうか。	ワーク❹ この人がシートを切らないようにするためにどうしたらい いかアドバイスしましょう。
・やってみたかった ・ドキドキ・ワクワクした ・おもしろそうだと思ったから	・他のドキドキ、ワクワクすることを見つける
・嫌なことがあったから	・信頼できる人（ルールブック 46 頁）に相談する
・ストレスがたまっている ・イライラしている	〔その場で暴力をふるわないための方法〕 　・深呼吸をする 　・その場を離れる（相手と距離をとる） 　・6 秒数える 　※怒りの衝動に対して、「暴力はだめだ」というような、理性が 　　介入するまでに 6 秒かかると言われている。
	〔イライラする気持ち自体を解消するための方法〕 　・違うことで発散する 　（ジム・バッティングセンター／布団にもぐって叫ぶ／枕・クッションを叩く等） 　・趣味を見つける 　・話を聞いてもらう

バスや電車のシートを切る

　　今日は、物を壊したり傷つけたりしてはいけないということを勉強しました。今日のワークを
忘れないようにしましょう。

ワーク

車を傷つける

⚖ **器物損壊等：**
3 年以下の懲役または 30 万円以下の罰金もしくは科料

(狙い) 物を壊すことは犯罪になることを知る
物を壊したくなった時に、どうしたらいいかを考える

今日は、物を壊したり傷つけたりしてはいけないということを勉強します。

ワーク ❶ 　人の車を傷つけると、誰が困りますか。

想定される回答

・車の持ち主

ワーク ❷ 　傷つけた人はどうなりますか。

想定される回答

○**すぐに**

・周りの人に変な目で見られる　・通報される　・持ち主に怒られる

○**後で**

・信用を失う　・仕事をクビになる　・警察につかまる　・家族や周りの人等が悲しむ

・刑務所に行く　・次の仕事につきにくくなる　・事業所に行けなくなる

・グループホームにいられなくなる　・壊したものを弁償しなければならない

　物を壊したり、傷つけたりすることは、「器物損壊」という犯罪です。
　また、傷つけた物を弁償しなければなりません。たくさんのお金がかかります。

第1章｜してはいけないこと

100

ワーク ③ この人はなぜ、車に傷をつけたのでしょうか。

※回答が出なかった場合は、「例えば、この人がお金がなかったからお店の物をとった場合、どんなアドバイスができますか」（万引きの場合）のように、**ワーク③**の「想定される回答」を例にあげて、次のワークにつなげて下さい。

ワーク ④ この人が車を傷つけないようにするためにどうしたらいいかアドバイスしましょう。「がまんする」以外の、具体的な方法を考えてみましょう。

想定される回答

ワーク③ この人はなぜ、車に傷をつけたのでしょうか。	**ワーク④** この人が車を傷つけないようにするためにどうしたらいいかアドバイスしましょう。
・やってみたかった ・ドキドキ・ワクワクした ・おもしろそうだと思ったから	・他のドキドキ、ワクワクすることを見つける
・嫌なことがあったから	・信頼できる人（ルールブック46頁）に相談する
・ストレスがたまっている ・イライラしている	〔その場で暴力をふるわないための方法〕 　・深呼吸をする 　・その場を離れる（相手と距離をとる） 　・6秒数える 　※怒りの衝動に対して、「暴力はだめだ」というような、理性が介入するまでに6秒かかると言われている。 〔イライラする気持ち自体を解消するための方法〕 　・違うことで発散する 　（ジム・バッティングセンター／布団にもぐって叫ぶ／枕・クッションを叩く等） 　・趣味を見つける 　・話を聞いてもらう
・車の持ち主にうらみがあった	・信頼できる人（ルールブック46頁）に立ち会ってもらって話し合う 　※1対1は避けましょう

車を傷つける

今日は、物を壊したり傷つけたりしてはいけないということを勉強しました。今日のワークを忘れないようにしましょう。

ワーク

落書きをする

 建造物等損壊:5年以下の懲役
器物損壊等:3年以下の懲役または30万円以下の罰金もしくは科料

 狙い 物を壊すことは犯罪になることを知る
物を壊したくなった時に、どうしたらいいかを考える

今日は、物を壊したり傷つけたりしてはいけないということを勉強します。

ワーク ❶   人の家の壁に落書きをすると、誰が困りますか。

想定される回答

・家の持ち主　・街の人（理由：景色が悪くなる）

ワーク ❷   落書きをした人は、どうなりますか。

想定される回答

○すぐに

・周りの人に変な目で見られる　・通報される　・その家の人に怒られる

○後で

・信用を失う　・仕事をクビになる　・警察につかまる　・家族や周りの人等が悲しむ

・刑務所に行く　・次の仕事につきにくくなる　・事業所に行けなくなる

・グループホームにいられなくなる　・壊したものを弁償しなければならない

　物を壊したり、傷つけたりすることは、「器物損壊」という犯罪です。建物を傷つけると「建造物損壊」という犯罪になります。家の壁に落書きをすることは、建物を傷つけることとみなされて「建造物損壊」という犯罪になります。

　また、壁の塗り替えの費用を弁償しなければなりません。たくさんのお金がかかります。

ワーク ❸　この人はなぜ、壁に落書きをしたのでしょうか。

※回答が出なかった場合は、「例えば、この人がお金がなかったからお店の物をとった場合、どんなアドバイスが
　できますか」（万引きの場合）のように、**ワーク❸**の「想定される回答」を例にあげて次のワークにつなげて下さい。

ワーク ❹　この人が落書きをしないようにするためにどうしたらいいかアドバイスしましょう。「がまんする」以外の、具体的な方法を考えてみましょう。

想定される回答

ワーク❸ この人はなぜ、壁に落書きをしたのでしょうか。	ワーク❹ この人が落書きをしないようにするためにどうしたらいいかアドバイスしましょう。
・やってみたかった ・ドキドキ・ワクワクした ・おもしろそうだと思ったから	・他のドキドキ、ワクワクすることを見つける
・嫌なことがあったから	信頼できる人（ルールブック 46 頁）に相談する
・ストレスがたまっている ・イライラしている	〔その場で暴力をふるわないための方法〕 　・深呼吸をする 　・その場を離れる（相手と距離をとる） 　・6 秒数える ※怒りの衝動に対して、「暴力はだめだ」というような、理性が介入するまでに 6 秒かかると言われている。
	〔イライラする気持ち自体を解消するための方法〕 　・違うことで発散する 　（ジム・バッティングセンター／布団にもぐって叫ぶ／枕・クッションを叩く等） 　・趣味を見つける 　・話を聞いてもらう
・その家の持ち主にうらみがあった	・信頼できる人（ルールブック 46 頁）に立ち会ってもらって話し合う ※ 1 対 1 は避けましょう

　今日は、物を壊したり傷つけたりしてはいけないということを勉強しました。今日のワークを
忘れないようにしましょう。

店の看板やドア、家の壁や門を蹴る

建造物等損壊：5 年以下の懲役
器物損壊等：3 年以下の懲役または 30 万円以下の罰金もしくは科料

狙い　物を壊すことは犯罪になることを知る
　　　物を壊したくなった時に、どうしたらいいかを考える

今日は、物を壊したり傷つけたりしてはいけないということを勉強します。

ワーク ❶　お店の看板を蹴ると誰が困りますか。

想定される回答

・店の人　　・街の人（理由：外出が怖くなる）

ワーク ❷　お店の看板を蹴ると、蹴った人はどうなりますか。

想定される回答

○**すぐに**

・周りの人に変な目で見られる　　・通報される　　・店の人に怒られる

○**後で**

・信用を失う　　・仕事をクビになる　　・警察につかまる　　・家族や周りの人等が悲しむ

・刑務所に行く　　・次の仕事につきにくくなる　　・事業所に行けなくなる

・グループホームにいられなくなる　　・壊したものを弁償しなければならない

　物を壊したり、傷つけたりすることは、「器物損壊」という犯罪です。建物を傷つけると「建造物損壊」という犯罪になります。
　また、壊したものを弁償しなければなりません。たくさんのお金がかかります。

第1章　してはいけないこと

104

ワーク ❸

この人はなぜ、店の看板を蹴ったのでしょうか。

※回答が出なかった場合は、「例えば、この人がお金がなかったからお店の物をとった場合、どんなアドバイスができますか」（万引きの場合）のように、**ワーク❸**の「想定される回答」を例にあげて次のワークにつなげて下さい。

ワーク ❹

この人が看板を蹴らないようにするためにどうしたらいいかアドバイスしましょう。「がまんする」以外の、具体的な方法を考えてみましょう。

想定される回答

ワーク❸ この人はなぜ、店の看板を蹴ったのでしょうか。	ワーク❹ この人が看板を蹴らないようにするためにどうしたらいいかアドバイスしましょう。
・ストレスがたまっている ・イライラしていた	〔その場で暴力をふるわないための方法〕 　・深呼吸をする 　・その場を離れる（相手と距離をとる） 　・6秒数える 　※怒りの衝動に対して、「暴力はだめだ」というような、理性が 　　介入するまでに6秒かかると言われている。 〔イライラする気持ち自体を解消するための方法〕 　・違うことで発散する 　　（ジム・バッティングセンター／布団にもぐって叫ぶ／枕・クッションを叩く等） 　・趣味を見つける 　・話を聞いてもらう
・やってみたかった ・ドキドキ・ワクワクした ・おもしろそうだと思ったから	・他のドキドキ、ワクワクすることを見つける
・嫌なことがあったから	・信頼できる人（ルールブック46頁）に相談する
・その店にうらみがあった	・信頼できる人（ルールブック46頁）に立ち会ってもらって話し合う 　※1対1は避けましょう

　今日は、物を壊したり傷つけたりしてはいけないということを勉強しました。今日のワークを忘れないようにしましょう。

店の看板やドア、家の壁や門を蹴る

ワーク
会社やグループホームのものを壊す

⚖ **器物損壊等:**3年以下の懲役または30万円以下の罰金もしくは科料

狙い
物を壊すことは犯罪になることを知る
物を壊したくなった時に、どうしたらいいかを考える

今日は、物を壊したり傷つけたりしてはいけないということを勉強します。

ワーク ❶   グループホームの時計を投げると、誰が困りますか。

想定される回答
・グループホームの他の利用者　・職員

ワーク ❷   投げた人はどうなりますか。

想定される回答
○**すぐに**
・職員や他の利用者に怒られる　・周りの人に変な目で見られる　・通報される
○**後で**
・信用を失う　・仕事をクビになる　・警察につかまる　・家族や周りの人等が悲しむ
・刑務所に行く　・次の仕事につきにくくなる　・事業所に行けなくなる
・グループホームにいられなくなる　・壊したものを弁償しなければならない

　物を壊したり、傷つけたりすることは、「器物損壊」という犯罪です。建物を傷つけると「建造物損壊」という犯罪になります。
　また、壊した物を弁償しなければなりません。たくさんのお金がかかります。

ワーク❸ この人はなぜ、時計を投げたのでしょうか。

※回答が出なかった場合は、「例えば、この人がお金がなかったからお店の物をとった場合、どんなアドバイスができますか」（万引きの場合）のように、**ワーク❸**の「想定される回答」を例にあげて、次のワークにつなげて下さい。

ワーク❹ この人が時計を投げないようにするためにどうしたらいいかアドバイスしましょう。「がまんする」以外の、具体的な方法を考えてみましょう。

想定される回答

ワーク❸ この人はなぜ、時計を投げたのでしょうか	ワーク❹ この人が時計を投げないようにするためにどうしたらいいかアドバイスしましょう。
・ストレスがたまっている ・イライラしていた	〔その場で暴力をふるわないための方法〕 　・深呼吸をする 　・その場を離れる（相手と距離をとる） 　・6秒数える 　※怒りの衝動に対して、「暴力はだめだ」というような、理性が介入するまでに6秒かかると言われている。 〔イライラする気持ち自体を解消するための方法〕 　・違うことで発散する 　　（ジム・バッティングセンター／布団にもぐって叫ぶ／枕・クッションを叩く等） 　・趣味を見つける 　・話を聞いてもらう
・やってみたかった ・ドキドキ・ワクワクした ・おもしろそうだと思ったから	・他のドキドキ、ワクワクすることを見つける
・嫌なことがあったから	・信頼できる人（ルールブック46頁）に相談する

今日は、物を壊したり傷つけたりしてはいけないということを勉強しました。今日のワークを忘れないようにしましょう。

会社やグループホームのものを壊す

ワーク

スマホを見ながら歩いていて他の人にケガをさせてしまう

過失致死：50万円以下の罰金

過失傷害：30万円以下の罰金または科料

狙い わざとではなくても、不注意で人にケガをさせると犯罪になることを知る
スマートフォンの使い方を考える

今日は、歩きスマホをしてはいけないということを勉強します。

ワーク❶ スマホを見ながら歩いていると、周りの人にどんなことが起きますか？

想定される回答

・誰かにぶつかってケガをさせる　・荷物を倒してしまう

ワーク❷ スマホを見ながら歩いている人には、どんなことが起きますか？

想定される回答

・転ぶ　・人にぶつかる　・線路に落ちる　・看板や電柱にぶつかってケガをする
・赤信号で道路にでてしまって事故になる

　歩きながらスマホや携帯電話を見ていると、自分がケガをしたり、誰かにぶつかってしまうことがあります。誰かにぶつかったとしても、わざとではないから犯罪にはならないと思った人がいるかもしれません。ですが、わざとではなくても、不注意で人にケガをさせたら、それは「過失傷害」という犯罪になります。もし亡くなったら過失致死罪です。どんどん重い犯罪になります。
　また、相手の治療費の弁償や、慰謝料（謝罪のお金）を払わなければなりません。たくさんのお金がかかります。

ワーク ❸

歩きスマホをしないためにどうしたらいいでしょうか。「がまんする」以外の、具体的な方法を考えてみましょう。

想定される回答

・外にいる時は、カバンの中にしまっておく

・外にいる時は、電源を切っておく

・コンビニの前、公園、駅、バス停等の安全なところで立ち止まって見る

ワーク ❹

スマホを見ていたらだめなのは、他にどういう時がありますか。

想定される回答

・自転車に乗っている時　・車の運転をしている時　・冠婚葬祭の時　・温泉、プールの脱衣所等

・映画、コンサート、イベント中

今日は歩きスマホをしてはいけないということについて勉強をしました。今日のワークを忘れないようにしましょう。

スマホを見ながら歩いていて他の人にケガをさせてしまう

ワーク

歩きながらタバコを吸っていて他の人にケガややけどをさせてしまう

 過失傷害：
30 万円以下の罰金または科料

狙い わざとではなくても、不注意で人にケガをさせると犯罪になることを知る
タバコの扱い方を考える

今日は、歩きタバコをしてはいけないということを勉強します。

ワーク ❶ タバコを吸いながら歩いていると、周りの人にどんなことが起きますか。

想定される回答 ・誰かにタバコが触れて火傷をさせる　・煙を吸わせてしまう

ワーク ❷ タバコを吸いながら歩いている人にどんなことが起きますか。

想定される回答 ・自分の服が焦げる　・周りの人から冷たい目で見られる

　タバコを吸いながら歩いていると、周りの人にあたって火傷をさせてしまったり、服について焦がしてしまったり、子どもの目にあたって目が見えなくさせてしまうこともあります。わざとではないから犯罪にはならないと思った人がいるかもしれません。ですが、わざとではなくても、不注意で人にケガをさせたら、それは「過失傷害」という犯罪になります。
　また、治療費等も払わなければなりません。たくさんのお金がかかります。

〔電子タバコだから大丈夫、と言われた場合の説明〕

　電子タバコでも、ニコチンを含んだ煙が出て、周りの人に影響することもありますし、条例で禁止されていることもあります。電子タバコであっても、歩きながらタバコを吸うのはやめましょう。

ワーク ❸ 歩きタバコをしないためにどうしたらいいでしょうか。「がまんする」以外の、具体的な方法を考えてみましょう。

想定される回答 ・タバコは必ず決められた場所で吸い、それ以外では、カバンの中にしまっておく

　今日は、歩きタバコをしてはいけないということについて勉強をしました。今日のワークを忘れないようにしましょう。

4 人をだましてはいけません （ルールブック15〜17頁）

目的

● 人をだまして、お金や物をとってしまうこと（詐欺）について学ぶ

● 以下のようなことも犯罪になることを学ぶ
　・人をだまして、お金や物等を受け取ること
　・人をだまして、お金を払わずにサービスを受けること
　・他人を名乗って文書を作成すること
　・お金等を複製すること

● お金を忘れてしまった際に、どのような対応をしたらよいかを学ぶ

● 組織的な詐欺の共犯に巻き込まれないように、怪しい依頼を断るための対応を考え、実践してみる

支援者に知ってほしいこと

● 逮捕されたり、刑務所に入ったりする詐欺罪の中に、無賃乗車や無銭飲食が多く含まれていること

● アルバイト等の誘いから、オレオレ詐欺・振り込め詐欺等の共犯にされてしまう場合があること

---

① 詐欺罪 （ルールブック15頁）

　詐欺罪とは、人をだましてお金、物、サービスの提供等を受けることをいいます。お金を払うふりをしてサービスを受け、結局お金を払わないことも詐欺罪にあたります。お金を払わないと知っていたら、相手はサービスを提供しないはずだからです。

　詐欺罪という名称からは、人から多額のお金をだまし取るイメージが強いかもしれませんが、詐欺罪で実際に逮捕されたり、刑務所に入ったりするのは次のような事例が多いです。

●**無賃乗車・子ども料金での乗車：**

　お金を払わずに電車・バスに乗ること（無賃乗車）、支払わなければいけないお金を払わないで電車・バスに乗ること（大人が子ども料金で乗る）は、バス会社・鉄道会社をだましたものとして詐欺罪にあたります。

切符を買わずに乗り物に乗る（無賃乗車）　　大人なのに子ども料金で乗り物に乗る

●**無銭飲食：**

　お金を払わずに、レストラン等の飲食店で食事をすること（無銭飲食）は店員さんをだましたものとして詐欺罪にあたります。

ものを食べて、お金を払わない（無銭飲食）

② 他人の名前での契約 （ルールブック 15 頁）

　他人の名前で契約をすることは、契約する相手の人をだましたものとして詐欺罪にあたります。また契約する内容によっては、契約書自体を偽造した（他人の文書の偽物をつくり出した）として文書偽造罪にあたります。

自分の契約なのに他の人の名前で契約をする

　例）携帯電話の契約の際に、親の名義等を勝手に使って契約した場合

- 店員さんをだまして物を買ったとして詐欺罪にあたる場合がある。
- 他人（親）の名義の文書（契約書）を勝手につくったとして、文書偽造罪になることがある。

③ 通貨偽造等 （ルールブック 16 頁）

　お金を複製（コピー等）することは通貨偽造罪、複製したお金を使うことは偽造通貨行使罪にあたります。通貨偽造や偽造した通貨の行使は、重大な犯罪として重い刑罰が定められています。私たちの社会は、お金への信頼で成り立っているにもかかわらず、その信頼を失わせる行為だからです。

　また、お金と同じような価値を持つチケットやカード等（定期券、商品券、チケット等）をコピーしたり、コピーしたものを使うことも犯罪です（有価証券偽造罪・偽造有価証券行使罪）。

お金をコピーしてはいけませんもちろん、コピーしたお金を使ってもいけません

定期券・回数券　　コンサートや映画スポーツ観戦のチケット

商品券

④ 頼まれてしたことが犯罪に （ルールブック 17 頁）⋯⋯⋯⋯⋯⋯⋯●

人から頼まれてしたことが、結果として人をだますことに協力することになってしまった場合には、だました人と同じように詐欺罪になることがあります。頼まれた本人に、人をだますつもりがない場合でも、犯罪に巻き込まれてしまう可能性があります。以下の様な事例が典型例です。

例）オレオレ詐欺・振り込め詐欺の事例

オレオレ詐欺・振り込め詐欺では、実際に電話等で被害者をだます人は、自分でお金の受け取りや引き出しには行きません。その場面が、捕まるリスクが一番高いためです。

そのため、「このカードでお金を下ろしてきてほしい」「書類を受け取ってきてほしい」といった内容のアルバイトと称して、未成年者や若者、あるいは、障がいがある人等に依頼して、これを担当させることがほとんどです。

この場合、詐欺だとは知らずに「アルバイト」だと思って引き受けた本人も、電話をかけて人をだました者と共犯とされ、逮捕されることがあります。

このようなアルバイトは、Twitter 等の SNS を通して探したり、依頼されたりします。最初に身分証を示す等しているために、途中で「おかしい」と気づいても、「会社や学校にばらす」と脅されて、やめることができなくなることもあります。

ワーク

無賃乗車

 詐欺：
10年以下の懲役

狙い　無賃乗車は犯罪になることを知る
電車やバスに乗った後にお金がないことに気がついた場合の対応方法を考える

今日は、お金を持たずに電車やバスに乗ってはいけないということを勉強します。

ワーク ❶ お金を持たずにバスに乗ると、誰が困りますか

想定される回答
・バスの会社の人（理由：バス代で会社を経営しているから）

ワーク ❷ お金を持たずにバスに乗った人はどうなりますか。

想定される回答
○すぐに
・降ろしてもらえない　・通報される　・運転手に怒られる　・高い切符代を払わないといけない
○後で
・信用を失う　・仕事をクビになる　・警察につかまる　・家族や周りの人等が悲しむ
・刑務所に行く　・次の仕事につきにくくなる　・事業所に行けなくなる
・グループホームにいられなくなる

　お金を持っていないことをわかっているのにお金を払うつもりがないまま乗り物に乗ることは、「詐欺罪」という犯罪です。バス会社はお金を払わない人を乗せるつもりはないのに、払うかのようにだまされたからです。もし、お金を払わずに逃げてしまい、その時に追いかけてきた人にケガをさせてしまったら、「強盗致傷罪」になることもあります。
　また、お金を持たずに乗り物に乗ってしまった場合、普通に乗った場合より多い料金を払わないといけないことがあります。

ワーク ❸ この人はなぜ、お金を持たずにバスに乗ってしまったのでしょうか。

※回答が出なかった場合は、「例えば、この人がお金がなかったからお店の物をとった場合、どんなアドバイスができますか」（万引きの場合）のように、**ワーク❸**の「想定される回答」を例にあげて、次のワークにつなげて下さい。

ワーク ❹

> この人がお金を持たずにバスに乗らないようにするためにどうしたらいいかアドバイスをしましょう。「がまんする」以外の、具体的な方法を考えてみましょう。

想定される回答

ワーク❸ この人はなぜ、お金を持たずにバスに乗ってしまったのでしょうか。	ワーク❹ この人がお金を持たずにバスに乗らないようにするためにどうしたらいいかアドバイスを考えましょう。
・お金を持っていると思ったら、なかった ・IC カードにお金が入っていると思ったら、入ってなかった ・買った切符をなくした　・定期券を忘れた ・急いでいた　・考え事をしていた	・乗る前に財布を確認する ・乗る前に IC カードにお金が入っているか確認する ・財布以外のところ（手帳等）にお金を入れておく
・無料のバスだと思った ・無料になると思った	・乗る前に運転手に聞く
・行きたいところがあったが、お金が足りなかった	・お金を貯める計画を立てましょう ・信頼できる人（ルールブック 46 頁）に相談する
・行けたらラッキーと思った ・お金を節約したいと思った	左のような答えが出てきた場合は以下の説明をして下さい。 【説明例】 　「いつかは見つかって、警察につかまったり、もっとお金を払わないといけなくなったりします。人からの信頼を失うことになります」 　その上で、この説明では「どうしたらいいか」ということを考えることができないため、ワーク③の※を参考にワークを進めて下さい。

ワーク ❺

> もし、お金を持たずにバスに乗ってしまった時はどうしたらいいでしょうか。

※このワークは、回答が出なかった場合は、回答例を紹介して、次のワークにつなげて下さい。

想定される回答 ・運転手に事情を説明する。　・信頼できる人（ルールブック 46 頁）に連絡する。

　お金を忘れて乗り物に乗っても、逃げずに運転手さんに「お金を忘れました」「切符をなくしました」と事情を説明しましょう。

> お金を忘れて乗り物に乗ってしまった際、運転手さんに何と説明すればよいでしょう。実際に練習してみましょう。私を運転手だと思ってやってみて下さい。

※実際のやりとりをやってみましょう。

ポイント ・名前と所属を伝える（手帳を見せる等）。　・理由（財布を忘れた等）を説明する。
　　　　　　・後でお金を払いに来ますと言って、連絡先を伝える。

　今日はお金を持たずに乗り物に乗ってはいけないということを勉強しました。今日のワークを忘れないようにしましょう。

無賃乗車

ワーク

大人なのに子ども料金で乗り物に乗る

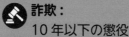 **詐欺:**
10 年以下の懲役

狙い 無賃乗車は犯罪になることを知る
間違ったことに気がついた場合の対応方法を考える

今日は、大人は子ども料金で電車やバスに乗ってはいけないということを勉強します。

ワーク❶　大人が子ども料金で電車に乗ると誰が困りますか。

想定される回答

・鉄道会社の人（理由：切符代で会社を経営しているから）

ワーク❷　大人が子ども料金で電車に乗ると、乗った人はどうなりますか。

想定される回答

○すぐに

・駅員に見つかる　・通報される　・高い切符代を払わないといけない

○後で

・信用を失う　・仕事をクビになる　・警察につかまる　・家族や周りの人等が悲しむ

・刑務所に行く　・次の仕事につきにくくなる　・事業所に行けなくなる　・グループホームにいられなくなる

　大人なのに子ども料金で乗り物に乗ることは、「詐欺罪」という犯罪です。大人は子ども料金で乗れないのに、だまして乗ったことになるからです。もし、間違えて切符を買った場合でも逃げてしまったら、同じ詐欺罪になります。逃げる時に駅員さんにケガをさせてしまうと「強盗致傷罪」になることもあります。

　また、お金を持たずに乗り物に乗ってしまった場合、普通に乗った場合より多い料金を払わないといけないことがあります。

ワーク❸　この人はなぜ、子ども料金で電車に乗ってしまったのでしょうか。

※回答が出なかった場合は、「例えば、この人がお金がなかったからお店の物をとった場合、どんなアドバイスができますか」（万引きの場合）のように、**ワーク❸**の「想定される回答」を例にあげて、次のワークにつなげて下さい。

ワーク ❹

この人が子ども料金で電車に乗らないようにするためにどうしたらいい かアドバイスをしましょう。「がまんする」以外の、具体的な方法を考え てみましょう。

想定される回答

ワーク❸ この人はなぜ、子ども料金で電車に乗ってしまったのでしょうか。	ワーク❹ この人が子ども料金で電車に乗らないようにするためにどうしたらいいかアドバイスを考えましょう。
・間違えた ・何歳までが子ども料金か知らなかった	・駅員に説明して、大人料金の切符を買い直す
・行きたいところがあったが、お金が足りなかった	・お金を貯める計画を立てましょう ・信頼できる人（ルールブック 46 頁）に相談する
・行けたらラッキーと思った ・お金を節約したかった	左のような答えが出てきた場合は以下の説明をして下さい。 【説明例】 　「いつかは見つかって、警察につかまったり、もっとお金を払わないといけなくなったりします。人からの信頼を失うことになります」 　その上で、この説明では「どうしたらいいか」ということを考えることができないため、ワーク③の※を参考にワークを進めて下さい。

ワーク ❺

もし大人なのに子ども料金で乗ってしまった時はどうしたらいいでしょ うか。

※このワークは、回答が出なかった場合は、回答例を紹介して、次のワークにつなげて下さい。

想定される回答

・運転手に事情を説明する　・差額を支払う　・信頼できる人（ルールブック 46 頁）に連絡する

　子ども料金で乗り物に乗っても、逃げずに運転手さんに「間違えました」と事情を説明しましょう。

ステップ アップ

子ども料金で乗り物に乗ってしまった際、運転手さんに何と説明すれば よいでしょう。実際に練習してみましょう。私を運転手だと思ってやって みて下さい。

※実際のやりとりをやってみましょう。

ポイント

・名前を名乗る、所属を伝える（手帳を見せる等）。　・後でお金を払いに来ますと言って、連絡先を伝える。
・理由（財布があると思ったらなかった等）を説明する。

　今日は、大人は子ども料金で電車やバスに乗ってはいけないということを勉強しました。今日 のワークを忘れないようにしましょう。

ワーク

無銭飲食

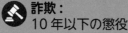詐欺：
10年以下の懲役

狙い　無銭飲食は犯罪になることを知る
食事をした後にお金がないことに気がついた場合の対
応方法を考える

今日は、お金を払わずに食事をしてはいけないということを勉強します。

ワーク ❶　お金を払わずに食事をすると誰が困りますか。

想定される回答

・店員さん　・店長（理由：食事代でお店をしているため）

ワーク ❷　お金を払わずに食事をした人はどうなりますか。

想定される回答

○すぐに

・店員さんが追いかけてくる　・通報される　・お金を払わないといけなくなる

○後で

・信用を失う　・仕事をクビになる　・警察につかまる　・家族や周りの人等が悲しむ

・刑務所に行く　・次の仕事につきにくくなる　・事業所に行けなくなる

・グループホームにいられなくなる　・そのお店に行けなくなる

　食事をしたのにお金を払わずにお店から出てくる行為は「詐欺罪」という犯罪です。お金を払わない人は食事ができないのに、だまされて食事を出したことになるからです。食べた後にお金を忘れたことに気づいて、逃げてしまった場合も同じ詐欺罪になります。逃げる時に店員さんにケガをさせてしまうと「強盗致傷罪」になります。

ワーク ❸　この人はなぜ、お金を持たずに食事をしてしまったのでしょうか。

※回答が出なかった場合は、「例えば、この人がお金がなかったからお店の物をとった場合、どんなアドバイスができますか」（万引きの場合）のように、**ワーク❸**の「想定される回答」を例にあげて、次のワークにつなげて下さい。

ワーク ④

　この人がお金を持たずに食事をしてしまわないようにするために、どうしたらいいかアドバイスをしましょう。「がまんする」以外の、具体的な方法を考えてみましょう。

想定される回答

ワーク③ この人はなぜ、お金を持たずに食事をしてしまったのでしょうか。	**ワーク④** この人がお金を持たずに食事をしてしまわないようにするために、どうしたらいいかアドバイスを考えましょう。
・お金を持っていると思ったら、なかった ・思っていたより高かった ・財布に少ししかお金が入っていなかった	・事業所や家族、友人に電話をする ・店員さんに名前と所属を伝えて、相談する ・店員さんに、コンビニでお金をおろしてくると伝える等
・お腹がすいていたがお金がなかった	・信頼できる人（ルールブック46頁）に相談する
・ただで食べられたらラッキーと思った ・お金を節約したいと思った	左のような答えが出てきた場合は以下の説明をして下さい。 【説明例】 　「いつかは見つかって、警察につかまったり、もっとお金を払わないといけなくなったりします。人からの信頼を失うことになります」 　その上で、この説明では「どうしたらいいか」ということを考えることができないため、ワーク③の※を参考にワークを進めて下さい。

ワーク ⑤ 　　もし、お金を持たずに食事をしてしまった時はどうしたらいいでしょうか。

想定される回答

・店員さんに事情を説明する　　・信頼できる人（ルールブック46頁）に連絡する

　お金を持たずに食事をしてしまっても、逃げずに店員さんに説明をしましょう。

　　お金を持たずに食事をしてしまった際、店員さんに何と説明したらよいでしょうか。実際に練習してみましょう。私を店員さんだと思ってやってみて下さい。

※実際のやりとりをやってみましょう。

ポイント

・名前を名乗る、所属を伝える（手帳を見せる等）。
・理由（財布があると思ったらなかった等）を説明する。
・後でお金を払いに来ますと言って、連絡先を伝える。

　今日はお金を払わずに食事をしてはいけないということを勉強しました。今日のワークを忘れないようにしましょう。

ワーク

自分の契約なのに他の人の名前で契約をする

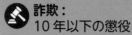
詐欺:
10 年以下の懲役

狙い 他人の名前で契約をしてはいけないことを知る

今日は、自分以外の名前で契約をしてはいけないということを勉強します。契約とは何かを使うことや、買うことを約束することをいいます。

ワーク ❶ もし、親の名前で携帯電話を契約したら誰が困りますか。

想定される回答

・親（理由：知らない契約をしたことになる）　・店員さん（理由：誰と契約をしたかわからなくなる）

ワーク ❷ 親の名前で携帯電話を契約したら、契約した人はどうなりますか？

想定される回答

○**すぐに**

・疑われる　・親に見つかって怒られる

○**後で**

・信用を失う　・仕事をクビになる　・警察につかまる　・家族や周りの人等が悲しむ

・刑務所に行く　・次の仕事につきにくくなる　・事業所に行けなくなる

・グループホームにいられなくなる　・携帯電話会社から怒られる　・新しく契約ができなくなる

携帯を買う等の契約をする時は契約書という紙に自分の名前を書くことがあります。契約書は、自分の名前を書くものです。契約書に親や他の人の名前を書いたら、店員さんをだましたことになります。「詐欺罪」という犯罪です。

ワーク ❸ それでは、契約書を作る時はどんな時ですか。

想定される回答

・銀行口座、クレジットカード等をつくる時　　・定期券、会員証等をつくる時

・アパートを借りる時　　・お金を借りる時　　・福祉サービスの申込みをする時

・仕事につく時

こういう契約書に他の人の名前を書くのも「詐欺罪」という犯罪にあたります。

※このワークは、回答が出ない場合も確認をして下さい。

ワーク ❹ 友だちから「自分の名前で代わりに契約をしてほしい」と頼まれたら、あなたはどうしますか。

想定される回答

・きっぱり断る　「してはいけないことなのでできません」

・その場を離れる「急用を思い出しました」

・相談する　　　「お腹が痛い」と言って、トイレに行き相談できる人（ルールブック 46 頁）に電話する

・気持ちを伝える「そんなことを頼まれるなんて、怖いです」「悲しいです」

※「断る」という答えが出た場合は、「何と言って断りましょうか」と具体的な答えを聞いてみましょう。

※「関係が悪化するから言えない」という方には、関係が悪化したら困るか、何が困るか、他の人間関係をつくるのはどうか、等を話し合えるといいです。

※ここは、「友だち」の部分について「彼氏（彼女）」「お世話になっている先輩」等、いろいろなパターンで聞いてみて下さい。

ワーク ❺ 友だちに頼まれて、契約書に他の人の名前を書いてしまったら、どうしたらいいでしょうか。

想定される回答

・信頼できる人（ルールブック 46 頁）に相談する

今日は自分以外の名前で契約をしてはいけないということを勉強しました。今日のワークを忘れないようにしましょう。

ワーク

お金のコピー

⚖️ **通貨偽造及び行使等：**
無期または 3 年以上 30 年以下の懲役

有価証券偽造・偽造有価証券行使等：
3 か月以上 10 年以下の懲役

狙い お金のコピーは重い犯罪になることを知る
お金以外のものでコピーしてはいけないものを考える

今日は、お金やチケットをコピーしたり、使ったりしてはいけないということを勉強します。

ワーク ❶　もし、お金をコピーして、それを使ったら誰が困りますか。

想定される回答

・店員さん（理由：そのお金を使えなくなる）

・世の中の人（理由：お金を信用できなくなる）

ワーク ❷　お金をコピーした人はどうなりますか？

想定される回答

○すぐに

・使って見つかる　・偽物だと気づかれる

○後で

・信用を失う　・仕事をクビになる　・警察につかまる　・家族や周りの人等が悲しむ

・刑務所に行く　・次の仕事につきにくくなる　・事業所に行けなくなる

・グループホームにいられなくなる　・使ったお店に怒られる　・使ったお店に出入り禁止になる

　お金をコピーするのは、「通貨偽造罪」という犯罪です。コピーしたお金を使うのは「偽造通貨行使罪」という犯罪です。お金をつくることができるのは国だけと決まっているからです。お金のコピーは、とても重い犯罪です。

第１章　してはいけないこと

ワーク ❸　お金以外でコピーしてはいけないものはどんなものがありますか？

想定される回答

・チケット（スポーツ、映画、コンサート等）　・図書券　・切手　・商品券　・株券

・ポイントカード　・IC カード・テレホンカード

> お金と同じように使えるものをコピーするのは「有価証券偽造」という犯罪です。コピーしたものを使うのは「偽造有価証券行使」という犯罪です。
>
> 友だちと行こうと思っていたコンサートのチケットが 1 枚しか取れなかった等、「これをコピーしたい！」と思うことがあるかもしれません。必ず見つかって、犯罪になるので、がまんしましょう。

※以下のようなものが出てきたら、「自分で使うためにコピーする場合がありますが、むやみに人に渡さないようにしましょう」と伝えて下さい。ルールブック 32 頁も参照して下さい。

　・免許証　・パスポート　・療育手帳　・通帳　・マイナンバーカード

> 今日は、お金やチケットをコピーして、使ってはいけないということを勉強しました。今日のワークを忘れないようにしましょう。

頼まれたことが犯罪に

このカードで
お金をおろしてきて

頼まれる

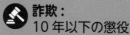 **詐欺:**
10 年以下の懲役

狙い 頼まれてすることが犯罪になることがあるということ
を知る
頼まれた時の断り方を考える

今日は、頼まれてすることが犯罪になる場合があるということを勉強します。

　　人から「このカードでお金をおろしてくるバイトをお願いしたい」と頼まれて、お金をおろして
きたら、逮捕されることがあります。そのお金が、誰かをだまして取ったお金だったからです。こ
ういう場合、一緒に人をだましてお金をとったとして、「詐欺罪」という犯罪になることがあります。
　　他にも、「誰かから荷物を受け取って下さい」、「この荷物を誰かに渡して下さい」等と頼まれる
こともあります。この時もその荷物が実は、人をだましてとった物や違法な薬物などで、捕まって
しまうことがあります。こういうバイトや頼まれごとは引き受けないようにしましょう。

ワーク ❶ 職場の先輩から「このカードでお金をおろしてきて」と頼まれたら、何
と答えますか？

想定される回答

・きっぱり断る　　「してはいけないことなのでできません」
・その場を離れる「急用を思い出しました」
・相談する　　　　「お腹が痛い」と言って、トイレに行き相談できる人（ルールブック 46 頁）に電話する
・気持ちを伝える「そんなことを頼まれるなんて、怖いです」「悲しいです」

※「断る」という答えが出た場合は、「何と言って断りましょうか」と具体的な答えを聞いてみましょう。
※「関係が悪化するから言えない」という方には、関係が悪化したら困るか、何が困るか、他の人間関係をつくる
　のはどうか、等を話し合えるといいです。
※ここは、「友だち」の部分について「彼氏（彼女）」「お世話になっている先輩」等、いろいろなパターンで聞い
　てみてください。

その答えが実際にできるかどうか、練習してみましょう。私を先輩だと思ってやってみて下さい。

※はっきり断れるかどうか、何度も頼まれても断れるかどうか、等のパターンで実際のやりとりをやってみましょう。

ワーク ❷ 職場の先輩から「このカードでお金をおろしてきて」と頼まれて、断れなかった場合、どうしますか。

想定される回答

・信頼できる人（ルールブック 46 頁）に相談する　・弁護士に相談する

　今日は、頼まれてすることが犯罪になる場合があるということを勉強しました。今日のワークを忘れないようにしましょう。

5 | 火をつけてはいけません （ルールブック 18-19頁）

目 的

● 火をつけることが犯罪になることを学ぶ
● 火をつけることは、簡単にできてしまうが、それによって生じる結果が大きくなることを知る

支援者に知ってほしいこと

● 日本では、歴史的に木造家屋が多く、火事の被害が広がりやすかったという背景もあり、重い刑罰が定められていること
● 燃え広がってしまうことや、重い刑罰になるということを考えず（知らず）に、火をつけてしまうこともあること
● 家等を燃やしたいと思って火をつけるのではなく、ストレス発散等のために、身近なものに火をつけてしまい、それが燃え広がってしまうことがある。そのためストレスの発散方法等を一緒に考えていく必要があること

① 放火　カーテンや公園のゴミ箱に火をつける （ルールブック 18頁）……●

　放火とは、何かに火をつけて燃やすことをいいます。
　放火をした場合、火をつけたものや、燃え広がった対象により、以下のような犯罪にあたります。

● 現在人が住んでいる家：現住建造物等放火罪
● 火をつけた時に人がいる建物や電車等：現住建造物等放火罪
● 人が住居として使っておらず、実際に人もいない建物等：非現住建造物等放火罪
● 建物以外のもの：延焼等の危険があれば、建造物等以外放火罪
● 自分のものに火をつけた結果、周りに延焼（燃え移ってしまう）等の危険が生じた場合：延焼罪

カーテンや家の中のものに火をつける

公園の
ごみ箱・段ボールに
火をつける

② 失火　花火・タバコ・たき火 (ルールブック18頁) ・・・・・・・・・・・・・・・・・・●

過失で出火してしまった場合も、結果的に建物等に
燃え移ってしまえば、失火罪となります。

例) ・タバコや花火、たき火の不始末

花火の不始末　　　　たき火

※落ち葉を含め、ゴミを燃やすことは、それ自体禁
　止されていることが多いです。人体に危険がある
　煙が出たり、燃え広がることがあるからです。

寝ながらタバコを吸う

カーテン等に火をつける

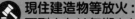 **現住建造物等放火:**
死刑または無期もしくは 5 年以上 30 年以下の懲役
非現住建造物等放火: 2 年以上 30 年以下の懲役
建造物等以外放火: 1 年以上 10 年以下の懲役
延焼: 3 か月以上 10 年以下の懲役
失火: 50 万円以下の罰金

狙い　火をつけることは犯罪であることを知る
火をつけたい時に、火をつけずにいる方法を考える

今日は、カーテン等に火をつけてはいけないということを勉強します。

ワーク ①　　カーテンに火をつけると、家や一緒に住んでいる家族や近所の人はどうなりますか。

想定される回答

○家の中
・カーテンが燃える　・家が燃えてしまう　・消防車が来る　・火傷する
・他のものに燃え移る　・火災報知機がなる

○家族・近所の人
・怖い思いをする　・火傷をする　・死んでしまう　・家が燃えてしまって住めなくなる
・近所の家に燃え移る　・大切なものが燃えてしまって悲しい気持ちになる
・消火活動やスプリンクラーで周りが水浸しになる

ワーク ②　　カーテンに火をつけた人はどうなりますか。

想定される回答

・信用を失う　・仕事をクビになる　・警察につかまる　・家族や周りの人等が悲しむ
・刑務所に行く　・次の仕事につきにくくなる　・事業所に行けなくなる
・グループホームにいられなくなる　・弁償しないといけない　・家がなくなる

　カーテン等に火をつけることは「放火罪」という犯罪です。放火は、とても重い犯罪です。特に、建物の中にいた人が死んでしまった場合には、とても長い間刑務所に行かなければならないこともあります。
　また、火事で焼けてしまった物を弁償したり、慰謝料（謝罪のお金）を払ったりしなければなりません。

第 1 章｜してはいけないこと

ワーク ❸　この人はなぜ、カーテンに火をつけてしまったのでしょうか。

※回答が出なかった場合は、「例えば、この人がお金がなかったからお店の物をとった場合、どんなアドバイスができますか」（万引きの場合）のように、**ワーク❸**の「想定される回答」を例にあげて次のワークにつなげて下さい。

ワーク ❹　この人が火をつけないようにするためにどうしたらいいかアドバイスを考えましょう。「がまんする」以外の、具体的な方法を考えてみましょう。

想定される回答

ワーク❸ この人はなぜ、カーテンに火をつけてしまったのでしょうか。	ワーク❹ この人が火をつけないようにするためにどうしたらいいかアドバイスを考えましょう。
・もやもやしていた ・イライラしていた	・休みを取ってリフレッシュする ・深呼吸 ・音楽を聞く　友だちに聞いてもらう ・信頼できる人（ルールブック 46 頁）に相談する ・旅行に行く・ドライブに行く
・嫌なことがあった ・何もかも消えてしまえばいいと思った ・家族に仕返しをしたかった	・信頼できる人（ルールブック 46 頁）に相談する
・カーテンに火をつけるとどうなるのか見てみたかった ・カーテンは燃えるのかなと思った	・軽い気持ちで燃やすと大変なことになると伝える 　※燃えたらどんなに大変なことになるか、燃えたらどうなるか等は、インターネット動画などを参考に学ぶこともできます
・燃えている物を見ると落ち着く ・火を見るのが好きだから	・他の方法を見つける 　例）火が燃えている動画を見る、疑似炎のオブジェを置く等
・びっくりさせたい ・注目を集めたい ・ワクワクしたい ・やってみたかった ・火遊びしたい	・気持ちをリフレッシュさせる他の方法を見つける ・趣味をつくる ・仕事をがんばる ・ライターを持たない

　今日は、カーテン等に火をつけてはいけないということを勉強しました。今日のワークを忘れないようにしましょう。

カーテン等に火をつける

公園のごみ箱・段ボールに火をつける

⚖ **現住建造物等放火：**
死刑または無期もしくは 5 年以上 30 年以下の懲役
非現住建造物等放火：2 年以上 30 年以下の懲役
建造物等以外放火：1 年以上 10 年以下の懲役
延焼：3 か月以上 10 年以下の懲役
失火：50 万円以下の罰金

狙い 火をつけることは犯罪であることを知る
火をつけたい時に、火をつけずにいる方法を考える

今日は、公園のごみ箱や段ボールに火をつけてはいけないということを勉強します。

ワーク ❶

公園のゴミ箱や段ボールに火をつけると、公園や公園の近所の人はどうなりますか。

想定される回答

○公園

・遊具が燃える　・他のものに燃え移る　・公園が使えなくなって困る

○公園の近所の人

・近所の建物や家に燃え移る　・怖い思いをする　・火傷をする　・死んでしまう

・家が燃えてしまって住めなくなる　・大切なものが燃えてしまって悲しい気持ちになる

・消火活動やスプリンクラーで周りが水浸しになる

ワーク ❷

公園のゴミ箱や段ボールに火をつけた人はどうなりますか。

想定される回答

○すぐに

・通報される　・周りの人に怒られる

○後で

・信用を失う　・仕事をクビになる　・警察につかまる　・家族や周りの人等が悲しむ

・刑務所に行く　・次の仕事につきにくくなる　・事業所に行けなくなる

・グループホームにいられなくなる　・弁償しないといけない

　ゴミ箱や段ボールに火をつけることは、家に火をつけるのと同じ「放火罪」という犯罪です。公園のゴミ箱も、お店の裏においてあるようなゴミ箱や段ボールも同じです。放火は、とても重い犯罪です。特に、周りの家に燃え移った場合には、とても長い間刑務所に行かなければならないこともあります。

　また、火事で焼けてしまった物を弁償したり、慰謝料（謝罪のお金）を払ったりしなければなりません。

ワーク ❸ この人はなぜ、公園のゴミ箱に火をつけてしまったのでしょうか。

※回答が出なかった場合は、「例えば、この人がお金がなかったからお店の物をとった場合、どんなアドバイスができますか」（万引きの場合）のように、**ワーク❸**の「想定される回答」を例にあげて次のワークにつなげて下さい。

ワーク ❹ この人が火をつけないようにするためにどうしたらいいかアドバイスを考えましょう。「がまんする」以外の、具体的な方法を考えてみましょう。

想定される回答

ワーク❸ この人はなぜ、公園のゴミ箱に火をつけてしまったのでしょうか。	ワーク❹ この人が火をつけないようにするためにどうしたらいいかアドバイスを考えましょう。
・もやもやしていた ・イライラしていた	・休みを取ってリフレッシュする ・深呼吸 ・音楽を聞く　友だちに聞いてもらう ・信頼できる人（ルールブック 46 頁）に相談する ・旅行に行く ・ドライブ
・嫌なことがあった ・何もかも消えてしまえばいいと思った ・家族に仕返しをしたかった	・信頼できる人（ルールブック 46 頁）に相談する
・段ボールに火をつけるとどうなるのか見てみたかった ・段ボールは燃えるのかなと思った ・寒いから暖まりたかった	・軽い気持ちで燃やすと大変なことになると伝える 　※燃えたらどんなに大変なことになるか、燃えたらどうなるか等は、インターネット動画などを参考に学ぶこともできます
・燃えている物を見ると落ち着く ・火を見るのが好きだから	・他の方法を見つける 　例）火が燃えている動画を見る、疑似炎のオブジェを置く等
・びっくりさせたい ・注目を集めたい ・ワクワクしたかった ・やってみたかった ・火遊びしたかった	・気持ちをリフレッシュさせる他の方法を見つける ・趣味をつくる ・ライターを持たない

今日は、公園のゴミ箱や段ボールに火をつけてはいけないということを勉強しました。今日のワークを忘れないようにしましょう。

公園のごみ箱・段ボールに火をつける

ワーク
花火の不始末

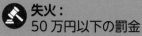 失火：
50 万円以下の罰金

狙い 安全な花火の仕方について学ぶ

今日は、花火のルールについて勉強します。

ワーク ❶ 花火をした後にきちんと片づけないと、どんなことが起きますか。

想定される回答

・花火のゴミが燃える ・周りに燃え移る ・火事になって、家が燃えたり、人が火傷をしたりする

　花火の火をきちんと片づけないと花火のゴミが燃えてしまったり、周りに燃え移って火事になってしまうことがあります。わざとではないから犯罪にはならないと思った人がいるかもしれませんが、わざとではなくても、火事を起こしたら「失火」という犯罪です。火事は、人が火傷をするだけではなく、死んでしまうかもしれない、大変なことです。

　また、火事で焼けてしまった物を弁償したり、慰謝料（謝罪のお金）を払ったりしなければなりません。

ワーク ❷ 安全に花火をするためはどうしたらよいでしょうか？

想定される回答

・花火をしてよい場所かを確認する ・花火をする時は必ず水を張ったバケツを用意する

・終わった花火は水を張ったバケツにつけて火を消す。必ず火が消えているかを確認する

・花火のゴミは必ず持って帰る

※具体的な行動を考える。「ちゃんとする」という答えが出た場合は、「ちゃんと」ということの中身を掘り下げましょう。

※この回答は、出てきたものだけではなく、ルールとして伝えるようにしましょう。

今日は、花火のルールについて勉強しました。今日のワークを忘れないようにしましょう。

第1章　してはいけないこと

ワーク
寝ながらタバコを吸う

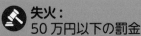 **失火：**
50 万円以下の罰金

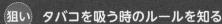 狙い タバコを吸う時のルールを知る

今日は、タバコのルールについて勉強します。

ワーク ❶ 寝ころんでタバコを吸うと、どんなことが起きますか。

想定される回答

・布団が焦げる　・服が焦げる　・タタミ（カーペット）が焦げる　・火傷をする
・火事になって、家が燃えたり、人が火傷をしたりする

　寝ころんでタバコを吸っていると、そのまま寝てしまって灰が落ち、火が周りに燃え移って火事になってしまうことがあります。わざとではないから犯罪にはならないと思った人がいるかもしれませんが、わざとではなくても、火事を起こしたら「失火」という犯罪です。寝タバコだけではなくて、タバコのポイ捨て等で火が出た場合も同じです。火事は、人が火傷をするだけではなく、死んでしまうかもしれない、大変なことです。
　また、火事で焼けてしまった物を弁償したり、慰謝料（謝罪のお金）を払ったりしなければなりません。

ワーク ❷ タバコで火事を起こさないためにどうしたらいいですか。

想定される回答

・タバコは決まった場所で吸う　・灰皿に捨てる時は火が消えたことを確認する
・ポイ捨てをしない　・歩きながらタバコを吸わない　・寝ころんでタバコを吸わない
・タバコを電子タバコに変える

※この回答は、出てきたものだけではなく、ルールとして伝えるようにしましょう。

今日は、タバコのルールについて勉強しました。今日のワークを忘れないようにしましょう。

花火の不始末／寝ながらタバコを吸う

ワーク
たき火

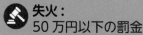 **失火：**
50 万円以下の罰金

狙い　たき火は自治体で禁止されていることもあることを知る
たき火をしたいと思った時に、たき火をしないでいい方法を考える

今日は、たき火のルールについて勉強します。

ワーク ❶　たき火をしてきちんと片づけないとどんなことが起きますか？

想定される回答

・風で火の粉が飛ばされて周りに燃え移る　　・火事になって、家が燃えたり、人が火傷をしたりする

　たき火をすることは、自治体で禁止されていることが多いです。たき火をすると、風で火の粉が飛ばされたり、きちんと火を片づけないことで、周りに燃え移って火事になってしまうことがあります。わざとではないから犯罪にはならないと思った人がいるかもしれませんが、わざとではなくても、火事を起こしたら「失火」という犯罪です。火事は、人が火傷をするだけではなく、死んでしまうかもしれない、大変なことです。

　また、火事で焼けてしまった物を弁償したり、慰謝料（謝罪のお金）を払ったりしなければなりません。

ワーク ❷　たき火をしたいと思うのはどういう時でしょうか。

※回答が出なかった場合は、「例えば、この人がお金がなかったからお店の物をとった場合、どんなアドバイスができますか」（万引きの場合）のように、**ワーク❷**の「想定される回答」を例にあげて、次のワークにつなげて下さい。

　たき火をしたいと思ったらどうしたらいいでしょうか。たき火以外の方法を考えてみましょう。

想定される回答

ワーク❷ たき火をしたいと思うのはどういう時でしょうか。	ワーク❸ たき火以外の方法を考えてみましょう。
・寒いから暖まりたかった	・家に帰るなど、他の方法で暖まる
・焼き芋が食べたかった	・焼き芋を買う
・燃えている物を見ると落ち着く ・火を見るのが好きだから	・他の方法を見つける 　例）火が燃えている動画を見る、疑似炎のオブジェを置く等

今日は、たき火についてのルールを勉強しました。今日のワークを忘れないようにしましょう。

たき火

6 性犯罪をしてはいけません（ルールブック20〜23頁）

目 的

- 性的な犯罪について学ぶ
- 性的な行為をする時のルール、好きになった相手への行為のルールについて学ぶ
- プライベートな場とパブリックな場の使い分けを学ぶ（小便はトイレでする、裸になる時には自分の部屋で、等）
- 相手に触れたり人に見せてはいけない身体の部位（プライベートな部位）を学ぶ
- 他人の子どもと遊んだり、接することが犯罪と誤解される可能性があることを知る
- 好きな気持ちでした行動が、犯罪（ストーカー行為）とされる可能性があることを知る
- 性的な犯罪をしないために、また、性的な犯罪をしていると誤解をされないためにどうするかを考える

支援者に知ってほしいこと

- 性的な犯罪の内容は多岐にわたります。当然のことですが、性的な行為自体は禁止されるものではありません。しかし、その行為が相手の同意を得ないものであったり、公共の場で行われてしまったりすると、犯罪にあたることがあります。
- 日本においては、現状、性教育が十分に行われているとは言い難い状況です。その結果、アダルト動画等からしか情報を得ることができず、そこで行われていることが常識だと思い込んでしまうことも起きています。何がだめな行為なのか、どうしたらいいのかを一緒に学んでいくことが必要です。

● **ワーク中に「相手がいいと言った」「嫌がらなかった」等の答えが出た場合**

　　本当に相手の気持ちを確認したといえるか、一緒に考えてみて下さい。その上で、嫌とは言っていなくても本当は嫌と思っていることがある（怖くて言えない、うまく言葉にできない等）ということを伝えて下さい。

● **性的な被害は女性も男性も受けている場合があること**

　　性的な被害というと、男性の行動によって女性が被害を受けているとイメージしがちです。しかし、女性から男性、女性同士、男性同士等、いろいろな場合があります。男性から女性への行為と決めつけた発言をしないように気をつけて下さい。

● **自分の被害体験を話された場合**

　　過去にこんなことをされた、こういうことが嫌だった等の話が出てきた時に、「気のせいではないか」「あなたも好きだったんじゃないの」等、被害を受けたことを否定する発言をしないように注意して下さい。

　　また、内容によっては、障害者虐待防止法上の通報を行ったり、警察への被害申告が必要になることがあります。相談先として男女共同参画局のホームページに性犯罪・性暴力被害者のためのワンストップ支援センター一覧があります。

① 下着をとる （ルールブック 20 頁）

　下着を盗む行為は、窃盗罪にあたります。また、下着を盗むために他の人の家の敷地内に侵入すれば、住居侵入罪にもあたります。

下着をとる

② 強姦・レイプ （ルールブック 20 頁）

　相手の同意なく性的な行為を行うことは、以下のような犯罪にあたります。被害者は男女を問いません。

強姦・レイプ

●暴行または脅迫によって、相手の同意なく性交等（性交、肛門性交、口腔性交）をした場合：強制性交等罪

●上記の行為で相手に怪我をさせた場合：強制性交等致傷罪

●暴行または脅迫によって、上記の「性交等」以外の行為を行った場合（身体をさわったり、キスをすることも含まれる）：強制わいせつ罪

●上記の行為で相手に怪我をさせた場合：強制わい

せつ等致傷罪

※相手が13歳未満の場合：仮に同意があったとしても上記の罪にあたる

※強制性交等罪や強制わいせつ罪は、当然、恋人同士間や夫婦間でも成立します。夫婦や恋人であるというだけでは、性交等をすることに同意しているとはいえません。毎回、同意を得なければいけません。

③ 盗撮 （ルールブック20頁）

　相手の同意を取らずに写真を撮ることを盗撮といいます。盗撮は、都道府県ごとの条例で罰則が定められている犯罪です。

　また、盗撮するために公衆浴場やお店のトイレに入った場合には、建造物侵入罪にもあたります。

人の裸やスカートの中の写真を撮る（盗撮）

④ のぞき （ルールブック20頁）

　他の人の家や更衣室等、プライバシーの度合いが高い場所をこっそり見ることを、のぞきといいます。のぞきは、軽犯罪法や都道府県ごとの条例で罰則が定められている犯罪です。

　また、のぞきをするために他の人の家や建物の敷地内に入っていれば、住居侵入罪または建造物侵入罪にもあたります

　たまたま通りかかった家の中が見えそうだということに気付いたような場合も、同じです。

のぞき

⑤ 痴漢 （ルールブック21頁）

　相手の同意を得ずに、卑猥な言動（身体をさわったり、抱きついたり、キスをしたりする等）をすることを痴漢といいます。痴漢は、各都道府県の迷惑防止条例で罰則が定められている犯罪です。行為の程度が重くなると、前記の強制わいせつ罪等にあたることもあります。

　光っているイヤリングに興味がある、ヒラヒラしたスカートが気になる等の理由でそれをさわってしまう場合、それが性的な行為であるとみられれば、痴漢にあたる可能性があります。

身体をさわる（痴漢）

抱きつく・キスをする

〔誤解を受けないための対応方法〕

　●相手との距離が近くなる場面（電車等）

　　・このような行為に及ばないように、コントロー

髪をさわる、においをかぐ

ル方法を知る

・電車の揺れに伴って身体が接触してしまい、
　誤解されないように立つ位置を工夫する

・誤解をされた時の適切な対応方法を知る

●こだわりによる行為について

・こだわる気持ちを充たすための他の方法を知る

イヤリングをさわる

服をさわる

⑥ ストーカー行為 <small>（ルールブック 22 頁）</small>

　ストーカー行為は、同一の人に対して、つきまとい
等を繰り返し行うことをいいます。ストーカー行為は
「ストーカー規制法（ストーカー行為等の規制等に関
する法律）」で罰則が定められている犯罪です。「つき
まとい等」とは、具体的に以下のような行為をいいま
す。

後をついて回る
待ちぶせする

●つきまとい・待ち伏せ・押し掛け・うろつき等

●「監視している」と告げる行為

●面会や交際の要求

●乱暴な言動

●無言電話、連絡（電話、ファクシミリ、電子メール、
　SNS 等）をくり返す

●汚物等の送付

●名誉を傷つける（例：中傷したり名誉を傷つける
　ような内容のメールや手紙を送る等）

●性的しゅう恥心の侵害（例：電話や手紙で、卑猥
　な言葉を言う等）

またでんわかた…
しつこく何回も
電話（無言電話）をかけたり、
メール・LINEを送ったりする

　特に「メールや SNS でのメッセージを何度も送信する」ことは、「自分はそんなつもり
はないが、相手が嫌がっていた」ということが生じやすいです。

⑦ 子どもと接する時 <small>（ルールブック 23 頁）</small>

　子どもと遊ぶことは、犯罪ではありませんが、以下
のような犯罪をしているのではないかと誤解を受ける
ことがあります。公園でよく会う子どもだった場合、
本人たちは親しくなっていることもありますが、誤解
されやすいので、気をつけましょう。

からだをさわる・膝に座らせる

●一緒に遊んでいる時に体に触れる：強制わいせつ
　罪

●一緒に出かける：未成年略取誘拐罪

※子ども（13 歳未満）の場合には、胸や性器など

だまって連れていく

の服で隠れている部分については例え子どもたちがさわることに同意していたとしても、強制わいせつ罪にあたる。

⑧ 裸になる （ルールブック23頁） ・・・・・・・・・・・・・・・・・・・・・・・・・・・・・・・・・・・●

公共の場で服を脱ぐ等の行為は、次のような犯罪にあたります。

立小便　　裸を見せる

- ●公共の場で裸になって性器まで露出していた場合： 公然わいせつ罪
- ●周りの人が恥ずかしい気持ちになるような格好であった場合：条例違反や軽犯罪法違反
- ●裸になるわけではなくても、服の中をさわって周りの人を恥ずかしい気持ちにさせた場合：条例違反

服の中をさわる

性問題行動を何度も繰り返している人には…

　性にまつわる習慣はその人の生育歴に応じて多様です。例えば、中学生の女子が父親とお風呂に入っていることもありますし、逆に幼児でも男の子とは一緒にお風呂に入らない母親もいます。プライベートとパブリックとの境界、恥じらいの感覚、他人との距離感、身体的接触の度合い等、人それぞれ違います。また生育歴に、両親のセックスを眼前で見た、自分のペニスや肛門を弄ばれた、身体をさわられた等の性的虐待のある人もいます。

　一方メディアで描かれる性は、異常性に満ち溢れています。そうであるからこそ商品価値があるのでしょう。

　性問題行動を繰り返している当事者は、それぞれに固有の性習慣とメディアの異常な性行為との両面から誤った性イメージを形成しています。このことを正確に知ることが大切ですが、極めてプライベートなことなので簡単には知り得ません。そのためある程度長期的な介入計画をつくって取り組むことが必要です。

　深刻な人は多くの場合、特定の場所・相手・行為の性問題行動を繰り返します。そして犯罪が露呈してしまった時には、はるかに多くの「成功」体験をしています。

　以上のことから性問題行動への介入の目標とすることは次の二つとなります。

　　１）誤った性イメージの修正、つまり性対人関係における認知の偏りを明らかにして望ましい性対人関係のあり方を学ぶこと。

　　２）「成功」体験を失敗させる、つまり性問題行動が自分の人生にとっては決して「成功」ではなく、それをすることで失うものが大きいことや性問題行動を起動させても最後まで完遂できず結局は捕まってしまう等徒労に終わることを理解すること。

　これに、感情調整や危険回避の方法等を加えたプログラムとして、SOTSEC-ID や Keep Safe(若年者向け ySOTSEC-ID= 性問題行動を有する青少年と保護者に向けたグループ学習プログラム）が開発されています（日本語版オーサーは堀江まゆみ）。これらは、グッドライフ・モデルの考え方を取り入れ、自尊心の向上・人間関係と性教育・感情とそのマネージメント・行動の理解・共感性を高める・再犯防止の確保等のコンポーネントによって構成され、週１回２時間 30 回以上かけて実施されるサークル・プログラムです。

　福祉・医療・教育・司法等複数の支援者が当事者を取り囲むようにサークルをつくり、同じ問題を抱える仲間と一緒に、安全な環境で率直に自分の意見を言える場をつくることが大事です。そうしたサークルでの学びを経ることで、自らの誤った性イメージを開示し、二つの目標に向かって歩み出せるようになるのです。

（平井 威）

6

性犯罪をしてはいけません

ワーク
下着をとる

 窃盗：
10年以下の懲役または50万円以下の罰金

狙い　下着をとることは犯罪であることを知る
下着をとらないためにどうしたらよいかを考える

今日は、人の下着をとってはいけないということを勉強します。

ワーク ❶　下着をとられた人はどうなりますか。

想定される回答

・気分が悪くなる　・洗濯物を干せなくなる　・外に出るのが怖くなる　・人が怖くなる

・とられた下着を着れなくなる　・引越しをしなければいけない

ワーク ❷　人の下着をとった人は、どうなりますか。

想定される回答

○その場で

・通報される　・その人に嫌われる　・近所の人に見つかる　・家の人に見つかる

○後で

・信用を失う　・仕事をクビになる　・警察につかまる　・家族や周りの人等が悲しむ

・刑務所に行く　・次の仕事につきにくくなる　・事業所に行けなくなる

・グループホームにいられなくなる　・近所の人に嫌われる　・その街に住めなくなる

・弁償をしたり、慰謝料を払わないといけなくなる

　下着をとることは、「窃盗」という犯罪です。下着ではなくスカートやカーディガン等、他の洋服をとることも同じです。

　また、とった物を弁償したり、慰謝料（謝罪のお金）を払わなければなりません。それだけではなく、下着をとられた人はとても心が傷つきます。長い間、恐怖が消えない人もいます。

第1章　してはいけないこと

142

ワーク ❸

この人はなぜ、下着をとったのでしょうか。

※回答が出なかった場合は、「例えば、この人がお金がなかったからお店の物をとった場合、どんなアドバイスができますか」（万引きの場合）のように、**ワーク❸**の「想定される回答」を例にあげて次のワークにつなげて下さい。

ワーク ❹

この人が下着をとらないようにするためにどうしたらいいかアドバイスを考えましょう。「がまんする」以外の、具体的な方法を考えてみましょう。

想定される回答

ワーク❸ この人はなぜ、人の下着をとったのでしょうか。	ワーク❹ この人が下着をとらないようにするためにどうしたらいいかアドバイスを考えましょう。
・その人が好きだから	・好きな気持ちは他の方法で伝える ・諦める 　※好きな人の諦め方を別途、考えましょう
・下着が欲しかったから	・他のもので代替できないか試してみる ・同じような素材のものを探す ・通信販売を利用して、自分で入手する ・他のものを集めることに熱中する
・ムラムラしたから	・マスターベーションをする ・違うことで発散する 　（ジム・バッティングセンター／布団にもぐって叫ぶ／枕・クッションを叩く等) ・趣味を見つける ※マスターベーションを否定せず、適切な方法を学ぶようにして下さい。（参考：本書 153 頁コラム）
・見つからないと思った	左のような答えが出てきた場合は以下の説明をして下さい。 【説明例】 　「いつかは見つかって、警察につかまったり、もっとお金を払わないといけなくなったりします。人からの信頼を失うことになります」 　その上で、この説明では「どうしたらいいか」ということを考えることができないため、ワーク❸の※を参考にワークを進めて下さい。

今日は人の下着をとってはいけないということを勉強しました。今日のワークを忘れないようにしましょう。

下着をとる

ワーク

強姦・レイプ

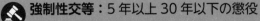 **強制性交等**：5 年以上 30 年以下の懲役
強制性交等致死傷：無期または 6 年以上 30 年以下の懲役
強制わいせつ：6 か月以上 10 年以下の懲役
強制わいせつ等致死傷：無期または 3 年以上 30 年以下の懲役

狙い 無理やり性的な行為をすることは犯罪であることを知る
性交等をする際には、相手から同意を得なければなら
ないことを学ぶ

今日は、無理やり性的な行為をしてはいけないということを勉強します。

ワーク❶ 無理やり性的な行為をされた人はどうなりますか。

想定される回答

・気分が悪くなる　・他人が怖くなる　・精神的な病気になる　・人を好きになることができなくなる
・外に出るのが怖くなる　・妊娠してしまう

ワーク❷ 無理やり性的な行為をした人はどうなりますか。

想定される回答

○その場で

・通報される　・その人に嫌われる

○後で

・信用を失う　・仕事をクビになる　・警察につかまる　・家族や周りの人等が悲しむ
・刑務所に行く　・次の仕事につきにくくなる　・事業所に行けなくなる
・グループホームにいられなくなる　・近所の人に嫌われる　・その街に住めなくなる
・人からの信頼を失う　・慰謝料を払わないといけなくなる

　無理やり性的な行為をすることは、「強制性交等罪」や「強制わいせつ罪」という犯罪です。実際には性交渉をしなかったとしても、無理やりしようとした場合も同じです。ケガをさせてしまった場合は、さらに重い犯罪になります。
　また、ケガの治療費や、慰謝料（謝罪のお金）を払わなければなりません。それだけではなく、無理やり性的な行為をされた人はとても心が傷つきます。長い間、恐怖が消えない人もいます。

ワーク ❸

この人はなぜ、無理やり性的な行為をしたのでしょうか。

※回答が出なかった場合は、「例えば、この人がお金がなかったからお店の物をとった場合、どんなアドバイスができますか」（万引きの場合）のように、**ワーク❸**の「想定される回答」を例にあげて次のワークにつなげて下さい。

ワーク ❹

この人が無理やり性的な行為をしないためにどうしたらいいかアドバイスを考えましょう。「がまんする」以外の、具体的な方法を考えてみましょう。

想定される回答

ワーク❸ この人はなぜ、無理やり性的な行為をしたのでしょうか。	ワーク❹ この人が無理やり性的な行為をしないためにどうしたらいいかアドバイスを考えましょう。
・ムラムラしたから	・マスターベーションをする ・違うことで発散する 　（ジム・バッティングセンター／布団にもぐって叫ぶ／枕・クッションを叩く等） ・趣味を見つける ※マスターベーションを否定せず、適切な方法を学ぶようにして下さい。（参考：本書153頁コラム）
・嫌だと言わなかったから ・相手もしていいと思っていると思った ・その人が好きだから	・性的な行為をする時は、相手の気持ちを確認する ※ただし、恋人や夫婦以外の関係の人の場合、性的な行為をすることは基本的には嫌がられることを伝えましょう
・付き合っているからいいと思った	・付き合っていても、性的な行為をする時は、相手の気持ちを確認する 【確認の仕方の例】 　態度：嫌そうな表情ではないか 　　　　帰りたそうにしていないか 　　　　離れたそうにしていないか 　聞く：「さわってもいい？」
・そういうものだと思っていた ・無理やりするのが普通	※そういうものではなく、犯罪になると伝える。

今日は、無理やり性的な行為をしてはいけないということを勉強しました。今日のワークを忘れないようにしましょう。

強姦・レイプ

ワーク

人の裸やスカートの中を撮る(盗撮)

 条例違反：（例）東京都「公衆に著しく迷惑をかける暴力的不良行為等の防止に関する条例」（迷惑防止条例） 1年以下の懲役または 100 万円以下の罰金

狙い 人の裸やスカートの中を撮ることは犯罪であることを知る
盗撮をしたくなった時にどうしたらよいかを考える
盗撮と誤解をうけないためにどうしたらよいかを考える

今日は、人の裸やスカートの中を撮ってはいけないということを勉強します。

第1章 してはいけないこと

ワーク ❶
人の裸やスカートの中を撮ることを盗撮といいます。盗撮された人はどうなりますか。

想定される回答

・怒る　・気分が悪くなる　・外に出るのが怖くなる

ワーク ❷
盗撮した人はどうなりますか。

想定される回答

○その場で

・通報される　・その人に嫌われる　・周りの人に捕まる　・恥ずかしい思いをする

○後で

・信用を失う　・仕事をクビになる　・警察につかまる　・家族や周りの人等が悲しむ　・刑務所に行く

・次の仕事につきにくくなる　・事業所に行けなくなる　・グループホームにいられなくなる

・携帯電話（スマホ）の中身をすべて調べられる　・慰謝料を払わないといけなくなる

人の裸やスカートの中を撮ることは犯罪です。
また、慰謝料（謝罪のお金）を払わなければなりません。それだけではなく、盗撮をされた人はとても心が傷つきます。長い間、恐怖が消えない人もいます。

ワーク ❸
この人はなぜ、盗撮をしたのでしょうか。

※回答が出なかった場合は、「例えば、この人がお金がなかったからお店の物をとった場合、どんなアドバイスができますか」（万引きの場合）のように、**ワーク❸**の「想定される回答」を例にあげて次のワークにつなげて下さい。

ワーク ④

この人が盗撮をしないためにどうしたらいいかアドバイスを考えましょう。「がまんする」以外の、具体的な方法を考えてみましょう。

想定される回答

ワーク❸ この人はなぜ、盗撮をしたのでしょうか。	ワーク❹ この人が盗撮をしないためにどうしたらいいかアドバイスを考えましょう。
・その人のことをかわいいな（きれいだな）、と思ったから ・どんな反応をするか見たかった	・盗撮は犯罪なのでやめましょう ※仲良くなりたいという気持ちがあるなら、その方法を別途考えましょう。
・ムラムラしたから	・マスターベーションをする ・違うことで発散する 　具体例：ジム・バッティングセンターに行く、音楽を聴く等 ・趣味を見つける ※マスターベーションを否定せず、適切な方法を学ぶようにして下さい。（参考：本書153頁コラム）
・ドキドキしたい ・スリルを感じたかった	・別の方法を考える
・見つからないと思った	左のような答えが出てきた場合は以下の説明をして下さい。 【説明例】 　「いつかは見つかって、警察につかまったり、もっとお金を払わないといけなくなったりします。人からの信頼を失うことになります」 　その上で、この説明では「どうしたらいいか」ということを考えることができないため、ワーク③の※を参考にワークを進めて下さい。

ワーク ⑤

盗撮と誤解されないためにどうしたらよいでしょう。

想定される回答

・階段やエスカレーターに乗る時にスマホをカバンやポケットの中に入れておく

・人の写真を勝手に撮らない

〔上記の回答が出てこない場合〕想定される回答を確認して、以下のように説明して下さい。

　スカートの中だけではなく、後ろ姿を撮ることも同じ犯罪になることがあります。人の写真を勝手に撮らないようにしましょう。また、階段やエスカレーター等でスマホを出してさわっていると誤解されることがあるので、カバンやポケットに入れておくようにしましょう。

　今日は、人の裸やスカートの中の写真を撮ってはいけないということを勉強をしました。今日のワークを忘れないようにしましょう。

人の裸やスカートの中を撮る（盗撮）

ワーク

のぞき

⚖ のぞき：
拘留または科料（軽犯罪法）

狙い
のぞきが犯罪であることを知る
のぞきたくなった時にどうしたらよいかを考える
のぞきと誤解をうけないためにどうしたらよいかを考える

今日は、更衣室や人の家をのぞいてはいけないということを勉強します。

ワーク ❶ 自分が着替えているところをのぞかれた人はどうなりますか。

想定される回答

・怒る　・気分が悪くなる　・他人が怖くなる　・外に出るのが怖くなる　・そこに住めなくなる
・職場の更衣室だった場合は、怖くて仕事に行けなくなる

ワーク ❷ のぞきをした人はどうなりますか。

想定される回答

○その場で
・通報される　・その人に嫌われる　・その場で周りの人に捕まる　・恥ずかしい思いをする
○後で
・信用を失う　・仕事をクビになる　・警察につかまる　・家族や周りの人等が悲しむ
・刑務所に行く　・次の仕事につきにくくなる　・事業所に行けなくなる
・グループホームにいられなくなる　・携帯電話（スマホ）の中身をすべて調べられる
・慰謝料を払わないといけなくなる

　更衣室や人の家をのぞくことは犯罪です。
　また、慰謝料（謝罪のお金）を払わなければなりません。それだけではなく、のぞきをされた人はとても心が傷つきます。長い間、恐怖が消えない人もいます。

ワーク ❸ この人はなぜ、のぞきをしたのでしょうか。

※回答が出なかった場合は、「例えば、この人がお金がなかったからお店の物をとった場合、どんなアドバイスができますか」（万引きの場合）のように、**ワーク❸**の「想定される回答」を例にあげて次のワークにつなげて下さい。

第1章
してはいけないこと

ワーク ❹ この人がのぞきをしないためにどうしたらいいかアドバイスを考えましょう。「がまんする」以外の、具体的な方法を考えてみましょう。

想定される回答

ワーク❸ この人はなぜ、のぞきをしたのでしょうか。	ワーク❹ この人がのぞきをしないためにどうしたらいいかアドバイスを考えましょう。
・その人のことをかわいいな（きれいだな）、と思ったから	・のぞきは犯罪なのでやめましょう ※仲良くなりたいという気持ちがあれば、その方法を別途考えましょう。
・ムラムラしたから	・マスターベーションをする ・違うことで発散する 　具体例：ジム・バッティングセンターに行く、音楽を聴く等 ・趣味を見つける ※マスターベーションを否定せず、適切な方法を学ぶようにして下さい。（参考：本書 153 頁コラム）
・ドキドキしたい ・スリルを感じたかった	・別の方法を考える
・見つからないと思った	左のような答えが出てきた場合は以下の説明をして下さい。 【説明例】 　「いつかは見つかって、警察につかまったり、もっとお金を払わないといけなくなったりします。人からの信頼を失うことになります」 　その上で、この説明では「どうしたらいいか」ということを考えることができないため、ワーク③の※を参考にワークを進めて下さい。
・ドアが空いていたから	左のような答えが出てきた場合は以下の説明をして下さい。 【説明例】 　「ドアが空いていても、人の家の中や更衣室をのぞいていいわけではありません」 　その上で、この説明では「どうしたらいいか」ということを考えることができないため、ワーク③の※を参考にワークを進めて下さい。

ワーク ❺ のぞきと誤解されないためにどうしたらよいでしょう。

想定される回答

・更衣室の近く等でウロウロしない

〔上記の回答が出てこない場合〕想定される回答を確認して、以下のように説明して下さい。

> 　更衣室の近く等でウロウロしたりすると、のぞきをしていると誤解されることがあるので、近づかないようにしましょう。

　今日は、のぞきをしてはいけないということを勉強しました。今日のワークを忘れないようにしましょう。

ワーク
身体をさわる（痴漢）

⚖️ **条例違反**：6 か月以下の懲役または 50 万円以下の罰金（例：東京都条例）
強制わいせつ：6 か月以上 10 年以下の懲役
強制わいせつ等致死傷：無期または 3 年以上 30 年以下の懲役

狙い
人の身体を勝手にさわることは犯罪であることを知る
人の身体を勝手にさわりたくなったらどうしたらいいかを考える
痴漢と誤解をうけないためにどうしたらよいかを考える

今日は、人の身体を勝手にさわってはいけないということを勉強します。

ワーク ❶

人の身体を勝手にさわることを「痴漢」といいます。混雑した電車の中で痴漢をされた人はどうなりますか。

想定される回答

・怖くて声がでない　・気分が悪くなる　・他人が怖くなる　・外に出るのが怖くなる
・電車に乗れなくなる　・通勤時間やルートを変えなくてはいけなくなる

ワーク ❷

痴漢をした人はどうなりますか。

想定される回答

○その場で
・通報される　・その人に嫌われる　・その場で周りの人に捕まる　・恥ずかしい思いをする
○後で
・信用を失う　・仕事をクビになる。　・警察につかまる　・家族や周りの人等が悲しむ
・刑務所に行く　・次の仕事につきにくくなる　・事業所に行けなくなる
・グループホームにいられなくなる　・慰謝料を払わないといけなくなる

　人の身体を勝手にさわることは、犯罪です。
　また、慰謝料（謝罪のお金）を払わなければなりません。それだけではなく、勝手に身体をさわられた人はとても心が傷つきます。長い間、恐怖が消えない人もいます。

ワーク ❸

この人はなぜ痴漢をしてしまったのでしょうか。

※回答が出なかった場合は、「例えば、この人がお金がなかったからお店の物をとった場合、どんなアドバイスができますか」（万引きの場合）のように、**ワーク❸**の「想定される回答」を例にあげて次のワークにつなげて下さい。

ワーク ❹ この人が痴漢をしないためにどうしたらいいかアドバイスを考えましょう。「がまんする」以外の、具体的な方法を考えてみましょう。

想定される回答

ワーク❸ この人はなぜ痴漢をしてしまったのでしょうか。	ワーク❹ この人が痴漢をしないためにどうしたらいいかアドバイスを考えましょう。
・その人のことが好きだから ・その人のことをかわいいな（きれいだな）、と思ったから ・相手の反応を見てみたかった	勝手に身体をさわるのは犯罪なので、やめましょう ※仲良くなりたいという気持ちがあれば、その方法を別途考えましょう。
・ムラムラしたから	・マスターベーションをする ・違うことで発散する 　具体例：ジム・バッティングセンターに行く、音楽を聴く等 ・趣味を見つける ※マスターベーションを否定せず、適切な方法を学ぶようにして下さい。（参考：本書153頁コラム）
・ドキドキしたい ・スリルを感じたかった	・別の方法を考える
・見つからないと思った	左のような答えが出てきた場合は以下の説明をして下さい。 【説明例】 　「いつかは見つかって、警察につかまったり、もっとお金を払わないといけなくなったりします。人からの信頼を失うことになります」 　その上で、この説明では「どうしたらいいか」ということを考えることができないため、ワーク❸の※を参考にワークを進めて下さい。
・嫌だと言わなかったから ・相手もしていいと思っていると思ったから	左のような答えが出てきた場合は以下の説明をして下さい。 【説明例】 　「勝手に身体をさわられることを良いと思う人はいません。しかし、痴漢をされた人は、嫌だと言ったり、逃げたりすることが難しい場合が多いです。恐怖で身体がかたまってしまうこともあります」 　その上で、この説明では「どうしたらいいか」ということを考えることができないため、ワーク❸の※を参考にワークを進めて下さい。
・露出度の高い服を着ていたから	左のような答えが出てきた場合は以下の説明をして下さい。 【説明例】 　「露出の高い服を着ていても、身体をさわることを認めているということではありません」 　その上で、この説明では「どうしたらいいか」ということを考えることができないため、ワーク❸の※を参考にワークを進めて下さい。

身体をさわる（痴漢）

※痴漢をされているという人がいた場合は、性犯罪・性暴力被害者のためのワンストップ支援センター（男女共同参画局ホームページ）などに一緒に相談に行きましょう。

※痴漢をくり返してしまっている場合、通勤経路を変える、満員電車に乗らないようにする等も考えられます。また、痴漢には専門的な治療が必要という研究も出てきています。

ワーク ⑤　痴漢と誤解されないためにはどうしたらよいでしょうか？

想定される回答

・混んでいる電車やバスには乗らないようにする　　・電車やバスで女性の側に乗らない

・両手を上に上げておく

※この回答は、出てきたものだけではなく、ルールとして伝えるようにしましょう。

今日は、人の身体を勝手にさわってはいけないということを勉強しました。今日のワークを忘れないようにしましょう。

　もし、自分が痴漢をされていたら、信頼できる人（ルールブック 46 頁）に相談をしましょう。

性的な欲求の処理の方法を学ぶ

　この章を学んだ際などに、性交渉への理解が不充分な方には以下のような内容を伝えて下さい。

セックスってどういうこと？

1　セックスは愛し合う2人だけにできる特別な行為：

　　愛を感じている2人が、お互いに合意して、裸で抱き合ったり、気持ち良くなったり、性器を挿入しあったりすること。女と男、女同士、男同士ですることもあります。

2　女と男ですると、赤ちゃんができる行為：

　　愛とか気持ちとかに関係なく、男性器（ペニス＝いんけい）と女性器（ヴァギナ＝ちつ）がつながり、射精し、子宮の中で卵子と結びつく（受精）と、新しい命（赤ちゃん）が誕生します。

3　セックスは自分と相手だけでなく、新しい命にも責任ある行為：

　　セックスは、とても無防備で動物的な行為なので、お互いの人生に責任を持ってします。それだけでなく、まだこの世にいない赤ちゃんの命に関わる責任もあります。

　だから、セックスができるためには、自立していることや良い人間関係を築く力、判断すること、責任のある行動ができること等も大事です。通常は結婚してからします。

　セックスをする時はよく考えて、「いいよ！」「だめだよ」と気持ちをはっきり伝えること。本当にして良いか？　プライベートな場所か？　安全な日か？　コンドームはあるか？　セックスする前にもう一度考えて下さい。夫婦でも恋人同士でも同意が必要です。

　でも…モヤモヤする、ボッキする。ヤリたい！　そんな時は「一人セックス（マスターベーション）」があります。マスターベーションのルールを守って一人で気持ち良くなって下さい！

マスターベーションのルール

　1）人に見られない個室（自分の部屋、お風呂場、自宅のトイレ等）でする。

　2）男性は精液が周りに飛び散らないように、コンドームをつけたりティッシュペーパー等でペニスを覆ったりしてする。"TENGA"等の道具を使っても良い。

　3）マスターベーションの後は、性器をきれいに洗う。

　4）憧れの人とセックスする空想やアイドルの写真等を見ながらしても良い。

＊注意！アダルト動画等のセックスは、人を興奮させるためのウソばかりです。どんなことでも相手が嫌がっているのに無理やりするのは犯罪です。

（平井威）

身体をさわる（痴漢）

抱きつく・キスをする

 条例違反:6 か月以下の懲役または 50 万円以下の罰金（例：東京都条例）
強制わいせつ:6 か月以上 10 年以下の懲役
強制わいせつ等致死傷:無期または 3 年以上 30 年以下の懲役

狙い　勝手に抱きついたり、キスすることは犯罪であることを知る
人の身体をさわりたくなったらどうしたらいいかを考える
誤解をうけないためにどうしたらよいかを考える

今日は、人に勝手に抱きついてはいけないということを勉強します。

ワーク❶　勝手に抱きつかれてキスをされた人はどうなりますか。

想定される回答

・怖くて声がでない　・気分が悪くなる　・他人が怖くなる　・職場に行くのが怖くなる

ワーク❷　人に勝手に抱きついてキスをした人はどうなりますか。

想定される回答

○その場で

・通報される　・その人に嫌われる　・その場で周りの人に捕まる　・恥ずかしい思いをする

○後で

・信用を失う　・仕事をクビになる　・警察につかまる　・家族や周りの人等が悲しむ

・刑務所に行く　・次の仕事につきにくくなる　・事業所に行けなくなる

・グループホームにいられなくなる　・慰謝料を払わないといけなくなる

　人に勝手に抱きついてキスをすることは、犯罪です。勝手に抱きついた場合、「暴行罪」になることもあります。

　また、慰謝料（謝罪のお金）を払わなければなりません。それだけでなく、急に抱きつかれた人はとても心が傷つきます。長い間、恐怖が消えない人もいます。

ワーク❸　この人はなぜ、人に勝手に抱きついたのでしょうか。

※回答が出なかった場合は、「例えば、この人がお金がなかったからお店の物をとった場合、どんなアドバイスができますか」（万引きの場合）のように、**ワーク❸**の「想定される回答」を例にあげて次のワークにつなげて下さい。

ワーク ④　この人が勝手に人に抱きつかないためにどうしたらいいかアドバイスを
考えましょう。「がまんする」以外の、具体的な方法を考えてみましょう。

想定される回答

ワーク❸ この人はなぜ、人に勝手に抱きついたのでしょうか。	ワーク❹ この人が勝手に人に抱きつかないためにどうしたらいいかアドバイスを考えましょう。
・その人のことが好きだから ・その人のことをかわいいな（きれいだな）と思ったから	○職場の人等、知り合いである場合 　・仲良くなる 　※仲良くなりたいという気持ちがあるなら、その方法は別途考えましょう。 ○知らない人である場合 　・声をかけると怖がられるので、諦めましょう 　※好きな人の諦め方を考えてみるのもいいかもしれません
・ムラムラしたから	・マスターベーションをする ・違うことで発散する 　具体例：ジム・バッティングセンターに行く、音楽を聴く等 ・趣味を見つける ※マスターベーションを否定せず、適切な方法を学ぶようにして下さい。（参考：本書 153 頁コラム）
・ドキドキしたい ・スリルを感じたかった ・見てみたかった	・別の方法を考える
・抱きついた時に嫌だと言わなかったからキスをした	・キスをする時は、相手の気持ちを確認する ※ただし、恋人や夫婦以外の関係の人の場合、性的な行為をすることは基本的には嫌がられることを伝えましょう。 【確認の仕方の例】 　態度：嫌そうな表情ではないか 　　　　帰りたそうにしていないか 　　　　離れたそうにしていないか 　聞く：「さわってもいい？」
・露出度の高い服を着ていたから	左のような答えが出てきた場合は以下の説明をして下さい。 【説明例】 　「露出の高い服を着ていても、身体をさわることを認めているということではありません」 　その上で、この説明では「どうしたらいいか」ということを考えることができないため、ワーク❸の※を参考にワークを進めて下さい。

抱きつく・キスをする

今日は、人に勝手に抱きついてはいけないということを勉強しました。今日のワークを忘れないようにしましょう。

ワーク

髪をさわる・においをかぐ

⚖ **条例違反**：6 か月以下の懲役または 50 万円以下の罰金（例：東京都条例）

狙い
勝手に人の髪をさわったりにおいをかぐことは犯罪になる可能性があることを知る
人の身体や洋服を勝手にさわりたくなったらどうしたらいいかを考える
痴漢と誤解をうけないためにどうしたらよいかを考える

今日は、人の身体や洋服を勝手にさわってはいけないということを勉強します。

ワーク ❶　髪を勝手にさわられたり、においをかがれた人はどうなりますか。

想定される回答

・怖くて声がでない　・気分が悪くなる　・他人が怖くなる　・外に出るのが怖くなる

ワーク ❷　人の髪を勝手にさわったり、においをかいだ人はどうなりますか。

想定される回答

○その場で

・通報される　・その人に嫌われる　・その場で周りの人に捕まる

○後で

・信用を失う　・仕事をクビになる　・警察につかまる　・家族や周りの人等が悲しむ　・刑務所に行く　・次の仕事につきにくくなる　・事業所に行けなくなる　・グループホームにいられなくなる　・慰謝料を払わないといけなくなる

　人の髪を勝手にさわったり、においをかぐことは犯罪になることがあります。
　また、慰謝料（謝罪のお金）を払わなければなりません。それだけではなく、勝手に髪をさわられたり、においをかがれた人はとても心が傷つきます。長い間、恐怖が消えない人もいます。

ワーク ❸　この人はなぜ、人の髪を勝手にさわったり、においをかいだりしたのでしょうか。

※回答が出なかった場合は、「例えば、この人がお金がなかったからお店の物をとった場合、どんなアドバイスができますか」（万引きの場合）のように、**ワーク❸**の「想定される回答」を例にあげて次のワークにつなげて下さい。

ワーク ④

この人が、人の髪を勝手にさわったり、においをかいだりしないために
どうしたらいいかアドバイスを考えましょう。「がまんする」以外の、具
体的な方法を考えてみましょう。

想定される回答

ワーク❸ この人はなぜ、人の髪を勝手にさわったり、においをかいだりしたのでしょうか。	ワーク❹ この人が、人の髪を勝手にさわったり、においをかいだりしないためにどうしたらいいかアドバイスを考えましょう。
・その人のことが好きだから ・その人のことをかわいいな（きれいだな）と思ったから ・相手の反応を見てみたかった	○職場の人等、知り合いである場合 　・仲良くなる。 　※仲良くなりたいという気持ちがあるなら、その方法は別途考えましょう ○知らない人である場合 　・髪をさわると怖がられるので、諦めましょう 　※好きな人の諦め方を考えてみるのもいいかもしれません
・いい匂いだなと思ったから ・髪がきれいだな、と思ったから ・手ざわりが好きだ	・ウィッグを買う
・ムラムラしたから	・マスターベーションをする ・違うことで発散する 　具体例：ジム・バッティングセンターに行く、音楽を聴く等 ・趣味を見つける ※マスターベーションを否定せず、適切な方法を学ぶようにして下さい。（参考：本書 153 頁コラム）
・ドキドキしたい ・スリルを感じたかった	・別の方法を考える
・見つからないと思った	左のような答えが出てきた場合は以下の説明をして下さい。 【説明例】 　「いつかは見つかって、警察につかまったり、もっとお金を払わないといけなくなったりします。人からの信頼を失うことになります」 　その上で、この説明では「どうしたらいいか」ということを考えることができないため、ワーク③の※を参考にワークを進めて下さい。

ワーク ⑤

人の髪をさわったり、においをかいでいると誤解されないためにはどう
したらよいでしょうか？

想定される回答

・混んでいる電車やバスには乗らないようにする　・電車やバスで女性の側に乗らない　・両手を上に上げておく

※この回答は、出てきたものだけではなく、ルールとして伝えるようにしましょう。

今日は、人の身体や洋服を勝手にさわってはいけないということを勉強しました。今日のワークを忘れないようにしましょう。

髪をさわる・においをかぐ

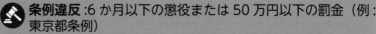
イヤリングをさわる

⚖ **条例違反**：6 か月以下の懲役または 50 万円以下の罰金（例：東京都条例）

狙い
人が身体につけているものを勝手にさわることは犯罪になる可能性があることを知る
人が身体につけているものをさわりたくなったらどうしたらいいかを考える
誤解をうけないためにどうしたらよいかを考える

今日は、人が身体につけているものを勝手にさわってはいけないということを勉強します。

ワーク ❶ 勝手にイヤリングをさわられた人はどうなりますか。

想定される回答

・気持ちが悪くなる　・他人が怖くなる　・外に出るのが怖くなる　・イヤリングがつけられなくなる

ワーク ❷ 勝手に人のイヤリングをさわった人はどうなりますか。

想定される回答

○その場で

・叫ばれる　・通報される　・その人に嫌われる

○後で

・信用を失う　・仕事をクビになる　・警察につかまる　・家族や周りの人等が悲しむ　・刑務所に行く

・次の仕事につきにくくなる　・事業所に行けなくなる　・グループホームにいられなくなる

　人が身体につけているものをさわることは犯罪になることがあります。イヤリングではなく、ネックレスやマフラー、帽子、ブレスレット等、人が身体につけているものも同じです。

　また、慰謝料（謝罪のお金）を払わなければなりません。それだけではなく、勝手に身体につけているものにさわられた人はとても心が傷つきます。長い間、恐怖が消えない人もいます。

ワーク ❸ この人はなぜ、人のイヤリングを勝手にさわったのでしょうか。

※回答が出なかった場合は、「例えば、この人がお金がなかったからお店の物をとった場合、どんなアドバイスができますか」（万引きの場合）のように、**ワーク❸**の「想定される回答」を例にあげて次のワークにつなげて下さい。

第1章｜してはいけないこと

ワーク ❹

この人がイヤリングをさわらないためにどうしたらいいかアドバイスを考えましょう。「がまんする」以外の、具体的な方法を考えてみましょう。

想定される回答

ワーク❸ この人はなぜ、人のイヤリングを勝手にさわったのでしょうか。	ワーク❹ この人がイヤリングをさわらないためにどうしたらいいかアドバイスを考えましょう。
・その人のことが好きだから ・その人のことをかわいいな（きれいだな）と思ったから	○職場の人等、知り合いである場合 ・仲良くなる ※仲良くなりたいという気持ちがあるなら、その方法は別途考えましょう。 ○知らない人である場合 ・イヤリングをさわると怖がられるので、諦めましょう ※好きな人の諦め方を考えてみるのもいいかもしれません
・かわいいイヤリングだなと思ったから ・きれいなイヤリングだなと思ったから	・デパートでみる ・ネットでイヤリングを買う
・ムラムラしたから	・マスターベーションをする ・違うことで発散する 　具体例：ジム・バッティングセンターに行く、音楽を聴く等 ・趣味を見つける ※マスターベーションを否定せず、適切な方法を学ぶようにして下さい。（参考：本書153頁コラム）
・ドキドキしたい ・スリルを感じたかった ・見てみたかった	・別の方法を考える
・見つからないと思った	左のような答えが出てきた場合は以下の説明をして下さい。 【説明例】 　「いつかは見つかって、警察につかまったり、もっとお金を払わないといけなくなったりします。人からの信頼を失うことになります」 　その上で、この説明では「どうしたらいいか」ということを考えることができないため、ワーク③の※を参考にワークを進めて下さい。

イヤリングをさわる

ワーク ❺

イヤリングをさわっていると誤解されないためにはどうしたらよいでしょうか？

想定される回答

・混んでいる電車やバスには乗らないようにする　・電車やバスで女性の側に乗らない

・両手を上に上げておく

※この回答は、出てきたものだけではなく、ルールとして伝えるようにしましょう。

今日は、人が身体につけているものを勝手にさわってはいけないということを勉強しました。今日のワークを忘れないようにしましょう。

ワーク

服をさわる

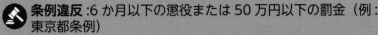

⚖ **条例違反**：6 か月以下の懲役または 50 万円以下の罰金（例：東京都条例）

狙い
人が身体につけているものを勝手にさわることは犯罪になる可能性があることを知る
人が身体につけているものをさわりたくなったらどうしたらいいかを考える
誤解をうけないためにどうしたらよいかを考える

今日は、人の洋服を勝手にさわってはいけないということを勉強します。

ワーク❶　勝手に服をさわられた人はどうなりますか。

想定される回答

・気持ちが悪くなる　・他人が怖くなる　・外に出るのが怖くなる　・さわられた洋服を着れなくなる

ワーク❷　勝手に人の服をさわった人はどうなりますか。

想定される回答

○その場で

・叫ばれる　・その人に嫌われる　・通報される

○後で

・信用を失う　・仕事をクビになる　・警察につかまる　・家族や周りの人等が悲しむ

・刑務所に行く　・次の仕事につきにくくなる　・事業所に行けなくなる

・グループホームにいられなくなる

　人の洋服を勝手にさわることは犯罪になることがあります。
　また、慰謝料（謝罪のお金）を払わなければなりません。それだけではなく、勝手に洋服にさわられた人はとても心が傷つきます。長い間、恐怖が消えない人もいます。

ワーク❸　この人はなぜ、人の服を勝手にさわったのでしょうか。

※回答が出なかった場合は、「例えば、この人がお金がなかったからお店の物をとった場合、どんなアドバイスができますか」（万引きの場合）のように、**ワーク❸**の「想定される回答」を例にあげて次のワークにつなげて下さい。

この人が人の服を勝手にさわらないようにするためにどうしたらいいかアドバイスを考えましょう。「がまんする」以外の、具体的な方法を考えてみましょう。

想定される回答

ワーク❸ この人はなぜ、人の服を勝手にさわったのでしょうか。	ワーク❹ この人が人の服を勝手にさわらないようにするためにどうしたらいいかアドバイスを考えましょう。
・その人のことが好きだから ・その人のことをかわいいな（きれいだな）と思ったから	○職場の人等、知り合いである場合 　・仲良くなる 　※仲良くなりたいという気持ちがあるなら、その方法は別途考えましょう ○知らない人である場合 　・服をさわると怖がられるので、諦めましょう 　※好きな人の諦め方を考えてみるのもいいかもしれません
・どんな手ざわりか知りたかった ・スカートに興味があった	・デパートでみる、ネットで買う
・ムラムラしたから	・マスターベーションをする ・違うことで発散する 　具体例：ジム・バッティングセンターに行く、音楽を聴く等 ・趣味を見つける ※マスターベーションを否定せず、適切な方法を学ぶようにして下さい。（参考：本書153頁コラム）
・スカートめくりがしたかった ・どんな反応をするのか見てみたかった	・別の方法を考える ※犯罪になることを伝えて別の方法を考えてみて下さい。
・見つからないと思った	左のような答えが出てきた場合は以下の説明をして下さい。 【説明例】 　「いつかは見つかって、警察につかまったり、もっとお金を払わないといけなくなったりします。人からの信頼を失うことになります」 　その上で、この説明では「どうしたらいいか」ということを考えることができないため、ワーク③の※を参考にワークを進めて下さい。

スカートをさわったと誤解されないためにはどうしたらよいでしょうか？

想定される回答

・混んでいる電車やバスには乗らないようにする　・電車やバスで女性の側に乗らない

・両手を上に上げておく

※この回答は出てきたものだけではなく、ルールとして伝えるようにしましょう。

今日は、人の洋服を勝手にさわってはいけないということを勉強しました。今日のワークを忘れないようにしましょう。

服をさわる

ワーク

後をついて回る、待ちぶせする

 ストーカー規制法違反：
1 年以下の懲役または 100 万円以下の罰金

狙い | 好きな気持ちでした行動が、犯罪とされる可能性があることを知る
好きになった人を諦める方法を考える

今日は、人を好きになった時のルールを勉強します。

ワーク ❶　イラストの男性は、この女性が好きになったので、その人の後をついて回ったり、待ち伏せをしていました。イラストの女性はこの男性のことをどう思っていますか。

想定される回答

・気持ち悪い　・怖い　・嫌い

※「好きになる」等の好意的な回答があった場合は、「あなたが知らない人からいつもついてこられたらどう思いますか」等の質問から、上記の回答につなげて下さい。

ワーク ❷　このイラストのように、好きな人の後をついて回ったり、待ち伏せをするとどうなりますか。

想定される回答

○その場で

・通報される　・嫌われる

○後で

・信用を失う　・仕事をクビになる　・警察につかまる　・家族や周りの人等が悲しむ

・刑務所に行く　・次の仕事につきにくくなる　・事業所に行けなくなる

・グループホームにいられなくなる

　後をついて回ったり、待ち伏せをすることは、「ストーカー行為」として犯罪になることがあります。好きだからしている行為だとしても、後をついて回られたり、待ちぶせをされたら相手の人は嫌がりますし、とても怖い思いをするからです。長い間、恐怖が消えないこともあります。

　また、慰謝料（謝罪のお金）を払わなければなりません。

　男性が女性にする場合だけでなく、女性が男性にする場合や、男性が男性にする場合、女性が女性にする場合でも同じ「ストーカー行為」です。

ワーク ❸　好きになった人と仲良くなるためにどうしたらいいか考えてみましょう。

想定される回答

・職員、友だちに相談する　・友だちになって下さいと言う　・告白する

ワーク ❹　仲良くなれなかった場合には、好きな人をどうしたら忘れられるでしょうか。

想定される回答

・電話帳から消す　・SNS を拒否する　・会わないようにする　・他の好きな人を見つける

・他の趣味を見つける　・友だちに相談する、グチを言う

今日は、人を好きになった時のルールを勉強しました。今日のワークを忘れないようにしましょう。

後をついて回る、待ちぶせする

しつこく何回も電話をかけたりメール・LINE を送ったりする

⚖️ **ストーカー規制法違反：**
1 年以下の懲役または 100 万円以下の罰金

狙い 好きな気持ちでした行動が、犯罪とされる可能性がある
ことを知る
好きになった人を諦める方法を考える

今日は、人を好きになった時のルールを勉強します。

ワーク ❶
このイラストの男性は、この女性が好きになったので、何回も電話をか
けています。イラストの女性は、電話をかけてくる男性のことをどう思っ
ていますか。

想定される回答
・迷惑だと思う　・めんどうくさい　・気持ち悪い　・怖い　・嫌い
※「好きになる」等の好意的な回答があった場合は、「あなたが知らない人からいつもついてこられたらどう思
　いますか」等の質問から、上記の回答につなげて下さい。

ワーク ❷
好きな人に何回も電話をかけると、どうなりますか。

想定される回答
○その場で
・着信を拒否される　・ブロックされる　・通報される　・嫌われる
○後で
・信用を失う　・仕事をクビになる　・警察につかまる　・家族や周りの人等が悲しむ
・刑務所に行く　・次の仕事につきにくくなる　・事業所に行けなくなる
・グループホームにいられなくなる

　好きな人に何回も電話をかけたり、メールをしたり、LINE を送ったりすることは、「ストーカー
行為」として犯罪になることがあります。好きだからだとしても、何回も電話をかけたり、メール
や LINE を送ると相手の人は嫌がりますし、とても怖い思いをするからです。長い間、恐怖が消え
ないこともあります。
　また、慰謝料（謝罪のお金）を払わなければなりません。
　男性が女性にする場合だけでなく、女性が男性にする場合や、男性が男性にする場合、女性が女
性にする場合でも同じ「ストーカー行為」です。

ワーク ❸

仲良くなりたい人がいた時に、電話やメールをする時のルールを考えてみましょう。

想定される回答

○電話

・1度かけたら、かけなおしてくれるのを待つ（何度もかけない）

・時間を決める

　※「何時までなら大丈夫でしょうか」と聞いてみる等、みんなで考えてみましょう。

　　例：朝・夜中はかけない。夜は21時まで

　・コールの回数を決める

○メール・LINE

・1回送ったら、返信を待つ（何度も送らない）

※この回答は出てきたものだけではなく、ルールとして伝えるようにしましょう。

ワーク ❹

仲良くなれなかった場合、好きな人をどうしたら忘れられるでしょうか。

想定される回答

・電話帳から消す　・SNSを拒否する　・会わないようにする　・他の好きな人を見つける

・他の趣味を見つける　・友だちに相談する、グチを言う

今日は、人を好きになった時のルールを勉強しました。今日のワークを忘れないようにしましょう。

しつこく何回も電話をかけたりメール・LINEを送ったりする

子どもと接する(からだをさわる・膝に座らせる)

⚖️ **強制わいせつ：**
6か月以上10年以下の懲役

狙い 子どもと遊んでいる時に体に触れてしまったことが犯罪にあたる可能性があることを知る
子どもに一緒に遊びたいと言われた時の対応を考える

今日は、子どもと接する時のルールを勉強します。

ワーク ❶ 公園にいる時に、遊んでいる子どもを膝に乗せて一緒に遊んだりしていました。周りの人にどう思われますか。

想定される回答

・痴漢だと思われる　・誘拐犯だと思われる　・通報される

　子どもを膝に乗せて遊んだりしていると、体をさわっていると思われたり、さわってはいけないところをさわってしまうことがあるかもしれません。そうすると、犯罪だと疑われることがあります。
　それだけではなく、誤解が解けず、慰謝料（謝罪のお金）を払わなければならなくなるかもしれません。

ワーク ❷ 周りで遊んでいる子どもが膝に乗ってきたり、くっついてきたら、どうしたらいいでしょうか。

想定される回答

・膝には乗らないように伝える　・膝から降ろす　・近づかないように言う
・体に触れない別の遊びを提案する　・帰る
・親や先生が周りにいたら、「一緒に遊んでいいですか」と声をかける

今日は、子どもと接する時のルールを勉強しました。今日のワークを忘れないようにしましょう。

だまって連れて行く

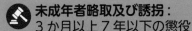 **未成年者略取及び誘拐：**
3か月以上7年以下の懲役

狙い　子どもと遊んでいることが連れ去りと思われて犯罪にあたる可能性があることを知る
子どもが一緒に遊びたいと言われた時の対応を考える

今日は、子どもと接する時のルールを勉強します。

ワーク ❶

近所を散歩している時に、よその家の子どもがついてきたので、一緒に散歩をしました。周りの人にどう思われますか。

想定される回答

・誘拐犯だと思われる　・通報される

よその家の子どもをつれて散歩をしていると、連れ去ろうとしているのではないかと思われて、犯罪と疑われることがあります。
それだけではなく、誤解が解けず、慰謝料（謝罪のお金）を払わなければならなくなるかもしれません。

ワーク ❷

散歩をしている時に、よその家の子どもがついて来たら、どうしたらいいでしょうか。

想定される回答

・ついてきてはだめだと伝える　・親がどこにいるかわからない場合は、交番に一緒に行く
・迷子かもしれないので、警察に電話をする
・家までついて来たら、警察に電話をする
※携帯電話やスマートフォンを持っていない場合、電話をかけてもらえそうな場所（コンビニなど）を確認しましょう

今日は、子どもと接する時のルールを勉強しました。今日のワークを忘れないようにしましょう。

子どもと接する（からだをさわる・膝に座らせる）／だまって連れて行く

ワーク
立小便をする

 公然わいせつ：6か月以下の懲役もしくは30万円以下の罰金または拘留もしくは科料

軽犯罪法違反：拘留または科料

条例違反：6か月以下の懲役または50万円以下の罰金（例：東京都条例）

狙い　人のいるところでしてはいけないことを知る
人のいるところでさわってはいけないもの、見せてはいけないものを考える

今日は、公共の場でしてはいけないことを勉強します。

ワーク ❶　人のいるところを公共の場といいます。どういうところがありますか。

想定される回答　・公園　・映画館　・野球場　・道路　・職場　・駅　・空港　・神社　・お店　・学校

ワーク ❷　公共の場で立小便をすると、どうなりますか。

想定される回答

・怒られる　・犯罪になる　・周りが汚れる　・誰かが掃除をしないといけなくなる

「立小便」は犯罪です。
また、掃除の費用や慰謝料（謝罪のお金）を払わなければなりません。

ワーク ❸　外でトイレに行きたくなったらどうしますか。

想定される回答

・コンビニを探す　・公衆トイレを探す　・トイレの場所を人に聞く

コンビニでトイレを借りる場合は、必ず店員さんに使っていいかを聞いてから、使用しましょう。

今日は、公共の場でしてはいけないことを勉強しました。今日のワークを忘れないようにしましょう。

ワーク
服の中をさわる

 公然わいせつ：6か月以下の懲役もしくは30万円以下の罰金または拘留もしくは科料

軽犯罪法違反：拘留または科料

条例違反：6か月以下の懲役または50万円以下の罰金（例：東京都条例）

 狙い 人のいるところでしてはいけないことを知る
人のいるところでさわってはいけないもの、見せてはいけないものを考える

今日は、公共の場でしてはいけないことを勉強します。

ワーク ❶ 人のいるところを公共の場といいます。どういうところがありますか。

想定される回答 ・公園 ・映画館 ・野球場 ・道路 ・職場 ・駅 ・空港 ・神社 ・お店 ・学校

ワーク ❷ 公共の場で性器をさわると、どうなりますか。

想定される回答 ・犯罪になる ・気持ち悪いと思われる ・怒られる

※もし、「おもしろがる」等の意見が出た場合は、そういう人もいるかもしれないが、多くの人は嫌な気持ちになるということを伝えて下さい。

人のいる所で性器をさわることは犯罪になることがあります。

ワーク ❸ 公共の場で性器をさわりたくなったら、どうしますか。

想定される回答 ・トイレに行く ・家に帰る

※必要に応じて、「トイレはどういうところにありますか」と聞き、トイレを借りることができる場所を確認して下さい。 例）駅、スーパー、コンビニ等

ワーク ❹ 公共の場で見せてはいけないところ、さわってはいけないところはどこでしょうか。

※ワークシートの人の姿の図に丸をしてもらいます。

今日は、公共の場でしてはいけないことを勉強しました。今日のワークを忘れないようにしましょう。

立小便をする／服の中をさわる

ワーク
裸を見せる

⚖️ **公然わいせつ**：6 か月以下の懲役もしくは 30 万円以下の罰金または拘留もしくは科料

軽犯罪法違反：拘留または科料

条例違反：6 か月以下の懲役または 50 万円以下の罰金(例：東京都条例)

狙い 人のいるところでしてはいけないことを知る
人のいるところでさわってはいけないもの、見せてはいけないものを考える

今日は、公共の場でしてはいけないことを勉強します。

ワーク ❶ 人のいるところを公共の場といいます。どういうところがありますか。

想定される回答

・公園　・映画館　・野球場　・道路　・職場　・駅　・空港　・神社　・お店　・学校

ワーク ❷ 公共の場で裸を見せると、どうなりますか。

※このイラストでは、服を着ていますが、ワークとしては、下着もとっている状況を想定しています。

想定される回答

・犯罪になる　・気持ち悪いと思われる　・怒られる

※もし、「おもしろがる」等の意見が出た場合は、そういう人もいるかもしれないが、多くの人は嫌な気持ちになるということを伝えて下さい。

公共の場で裸を見せることは犯罪になることがあります。
また、裸ではなくても、下着だけの状態であっても、同じです。人のいる所では、洋服を着るようにしましょう。

ワーク ❸ 裸になっても大丈夫なのはどういうところですか。

想定される回答

・自分の部屋　・更衣室　・温泉

第1章　してはいけないこと

ワーク ❹　　公共の場で見せてはいけないところ、さわってはいけないところはどこでしょうか。

※ワークシートの人の姿の図に丸をしてもらいます。

今日は、公共の場でしてはいけないことを勉強しました。今日のワークを忘れないようにしましょう。

裸を見せる

7 ネット犯罪をしてはいけません（ルールブック24頁）

目 的

- ネット犯罪について学ぶ
- インターネットでの情報は、不特定多数の人に向けて発信されていることを学ぶ
- インターネットは匿名で書き込んでも、誰が書き込んだか特定されることを学ぶ
- インターネットに書きこみたくなった時にどうするかを考える

支援者に知ってほしいこと

- インターネットを利用したサービスの急速な発展・拡大にともない、インターネットを用いた犯罪が起こるようになってきていること
- 面と向かっては言えないことも、SNS等の文字のやりとりだと書いてしまう、という人も多いこと
- インターネットの書き込みも、誰がその書き込みをしたりメッセージを送ったのかを発見することができ、実際に書き込みから身元がわかり、警察につかまる場合もあること
- SNS等への書き込みは業務を妨害したり、人の名誉を傷つけるとされ犯罪になる場合があること
- SNS等への書き込みはその内容が本当のことであっても、犯罪になる場合があること
- SNS等への書き込みの結果、損害賠償責任を負う場合もあること

① SNS等でウソを書いたり脅したりする （ルールブック24頁）………●

SNS等への書き込みは、気軽にできてしまいます。しかし、その内容によっては、以下のような犯罪になることがあります。

例)
- 「イベント会場に爆弾を仕掛けた」等と脅しの文言を書き込んだことで、イベントが中止となった場合：業務妨害罪
- 「ゴキブリがいる」等とウソを書き込んでお店の営業を中止させた場合：業務妨害罪

とお店に対する名誉毀損罪

② SNS等で悪口を書いたりする（ルールブック24頁）

SNS等で個人に対する悪口等を書くと、以下のような犯罪になることがあります。

●人の社会的評価を下げるような事実を書き込む場合：名誉毀損罪

※その事実が本当のことであっても、原則として、名誉毀損罪にあたります

インターネットやTwitter、Facebookなどに悪口を書く・脅す

●相手がバカにされたと感じるようなこと（感想等も含む）を書き込む場合：侮辱罪

●「殺してやる！」等の脅しを送った場合：脅迫罪

③ 違法ダウンロード（ルールブック24頁）

インターネットに違法にアップされている映画や音楽をダウンロードすることは、著作権法違反にあたります。

ダウンロードしてよいとされているもの以外は、ダウンロードしないようにすることが重要です。

インターネットに違法にアップされている映画や音楽をダウンロードする

ワーク

インターネットや SNS にウソを書く❶

⚖️ **信用毀損および業務妨害**：3 年以下の懲役または 50 万円以下の罰金

名誉毀損：3 年以下の懲役もしくは禁錮または 50 万円以下の罰金

狙い ネットの書き込みが犯罪になる可能性があることを知る
書き込みをしたくなったらどうすればよいかを考える

今日は、ネットの書き込みについて勉強します。

ワーク ❶ インターネットや SNS に「イベントに爆弾を仕掛けた！ イベントを中止しろ！」という書き込みがあると誰が困りますか。

想定される回答

・イベントの主催者　・イベントに行こうと思っていた人　・警察　・イベントの出店者

ワーク ❷ 「イベントに爆弾を仕掛けた！ イベントを中止しろ！」という書き込みがあるとどうなりますか。

想定される回答

・イベントが中止になる　・警察が警備をしなければいけなくなる

・爆弾が仕掛けられているか調べないといけなくなる

ワーク ❸ 「イベントに爆弾を仕掛けた！ イベントを中止しろ！」と書いた人はどうなりますか。

想定される回答

○すぐに

・見つかる　・通報される

○後で

・信用を失う　・仕事をクビになる　・警察につかまる　・家族や周りの人等が悲しむ

・刑務所に行く　・次の仕事につきにくくなる　・事業所に行けなくなる

・グループホームにいられなくなる

・イベントが中止になったことによる損害を賠償しないといけなくなる

第1章　してはいけないこと

「イベントに爆弾をしかけた！」ということをインターネットに書いても、ウソだからかまわないと思う人がいるかもしれません。しかし、実際には、爆弾があるかどうか調べなければならないし、イベントが中止になることもあります。イベントが中止になれば、「業務妨害罪」という犯罪になります。

　インターネットだから見つからない、と思う人もいるかもしれません。書いた後で消そうと思っても、一度ネット上に流れてしまったものを完全に削除することはできません。今の技術では必ず誰が書いたかを警察が見つけます。逮捕されることもあります。

　また、イベントができなかったことによってかかった費用や、慰謝料（謝罪のお金）を払わなければならないことがあります。

ワーク ❹　　この人はなぜ、「イベントに爆弾をしかけた！」と書き込んでしまったのでしょうか。

※回答が出なかった場合は、「例えば、この人がお金がなかったからお店の物をとった場合、どんなアドバイスができますか」（万引きの場合）のように、**ワーク❹**の「想定される回答」を例にあげて次のワークにつなげて下さい。

ワーク ❺　　この人がこういう書き込みをしないようにするためにどうしたらいいかアドバイスしましょう。「がまんする」以外の、具体的な方法を考えてみましょう。

想定される回答

ワーク❹ この人はなぜ、「イベントに爆弾をしかけた！」と書き込んでしまったのでしょうか。	ワーク❺ この人がこういう書き込みをしないようにするためにどうしたらいいかアドバイスしましょう。
・うらみがある ・中止になってほしい	・言いたいことを紙に書く ・信頼できる人（ルールブック 46 頁）に不満等について話をする
・おもしろ半分で ・注目を浴びたかった ・どうなるのかなと思った	・他の楽しみを見つける ・他の方法を考える
・誰がやったかわからないと思った ・見つからないと思った ・みんなが書いているから大丈夫と思った	左のような答えが出てきた場合は以下の説明をして下さい。 【説明例】 　「いつかは見つかって、警察につかまったり、もっとお金を払わないといけなくなったりします。人からの信頼を失うことになります」 　その上で、この説明では「どうしたらいいか」ということを考えることができないため、ワーク③の※を参考にワークを進めて下さい。

　今日は、ネットの書き込みについて勉強しました。今日のワークを忘れないようにしましょう。

インターネットやSNSにウソを書く ❶

インターネットや SNS にウソを書く❷

⚖️ **信用毀損および業務妨害**：3 年以下の懲役または 50 万円以下の罰金

名誉毀損：3 年以下の懲役もしくは禁錮または 50 万円以下の罰金

狙い ネットの書き込みが犯罪になる可能性があることを知る
書き込みをしたくなったらどうすればよいかを考える

今日は、ネットの書き込みについて勉強します。

ワーク ❶ インターネットや SNS に嫌がらせで「あの店はゴキブリだらけ！」とウソを書くと誰が困りますか。

想定される回答

・店員　　・お店のお客さん

ワーク ❷ 「あの店はゴキブリだらけ！」というような嫌がらせを書くとどうなりますか。

想定される回答

・お店に客が来なくなる　　・客が来なくてお店がつぶれる

ワーク ❸ 「あの店はゴキブリだらけ！」と書いた人はどうなりますか。

想定される回答

○すぐに

・見つかる　・通報される

○後で

・信用を失う　・仕事をクビになる　・警察につかまる　・家族や周りの人等が悲しむ

・刑務所に行く　・次の仕事につきにくくなる　・事業所に行けなくなる

・グループホームにいられなくなる　・お店がつぶれる

「あの店はゴキブリだらけ！」ということをインターネットに書いても、ウソだからかまわないと思う人がいるかもしれません。しかし、実際には、その書き込みが原因でお店がつぶれてしまうかもしれません。こうした書き込みは、「業務妨害罪」という犯罪になります。書いていることが本当のことであっても「名誉毀損罪」という犯罪になることがあります。

　インターネットだから見つからない、と思う人もいるかもしれません。書いた後で消そうと思っても、一度ネット上に流れてしまった物を完全に削除することはできません。今の技術では必ず誰が書いたかを警察が見つけます。逮捕されることもあります。

　また、お店がつぶれたことについてかかった費用や、慰謝料（謝罪のお金）を払わなければならないことがあります。

ワーク❹　　この人はなぜ、「あの店はゴキブリだらけ！」と書き込んでしまったのでしょうか。

※回答が出なかった場合は、「例えば、この人がお金がなかったからお店の物をとった場合、どんなアドバイスができますか」（万引きの場合）のように、**ワーク❹**の「想定される回答」を例にあげて次のワークにつなげて下さい。

ワーク❺　　この人がこういう書き込みをしないようにするためにどうしたらいいかアドバイスしましょう。「がまんする」以外の、具体的な方法を考えてみましょう。

想定される回答

ワーク❹ この人はなぜ、「あの店はゴキブリだらけ！」と書き込んでしまったのでしょうか。	ワーク❺ この人がこういう書き込みをしないようにするためにどうしたらいいかアドバイスしましょう。
・その店はつぶれた方がいいと思った ・お店や店員さんにうらみがある	・言いたいことを紙に書く ・信頼できる人（ルールブック46頁）に不満等について話をする ・店員さんに言いたいことを伝える（お店に置いてある葉書を書く、電話する）
・おもしろ半分で ・注目を浴びたかった ・どうなるのかなと思った	・他の楽しみを見つける ・他の方法を考える
・誰がやったかわからないと思った ・見つからないと思った ・みんなが書いているから大丈夫と思った	左のような答えが出てきた場合は以下の説明をして下さい。 【説明例】 　「いつかは見つかって、警察につかまったり、もっとお金を払わないといけなくなったりします。人からの信頼を失うことになります」 　その上で、この説明では「どうしたらいいか」ということを考えることができないため、ワーク③の※を参考にワークを進めて下さい。

　今日は、ネットの書き込みについて勉強しました。今日のワークを忘れないようにしましょう。

インターネットやSNSにウソを書く❷

177

インターネットやSNSに悪口を書く・脅す❶

○○は嫌な奴だ！
（悪口を書く）

⚖ **侮辱**：拘留または科料
名誉毀損：3年以下の懲役もしくは禁錮または50万円以下の罰金

狙い ネットの書き込みが犯罪になる可能性があることを知る
書き込みをしたくなったらどうすればよいかを考える

今日は、ネットの書き込みについて勉強します。

ワーク❶ ブログやSNSに「○○は嫌なやつだ！」と悪口を書かれた人はどうなりますか。

想定される回答

・嫌な気持ちになる　　・怖くてネットが見れなくなる

ワーク❷ 「○○は嫌なやつだ！」というような悪口を書くと、書いた人はどうなりますか。

想定される回答

○すぐに

・見つかる　　・相手に見つかって嫌われる

○後で

・信用を失う　　・仕事をクビになる　　・警察につかまる　　・家族や周りの人等が悲しむ

・刑務所に行く　　・次の仕事につきにくくなる　　・事業所に行けなくなる

・グループホームにいられなくなる

「○○は嫌なやつだ！」ということをインターネットに書いても、ネットだからかまわないと思う人がいるかもしれません。しかし、実際には、その書き込みを本人が見て嫌な気持ちになったり、本人の周りの人が見て嫌な気持ちになったりするかもしれません。書き込みの内容によっては、「侮辱罪」や「名誉毀損罪」という犯罪になることがあります。また、書いていることが本当のことであっても「名誉毀損罪」になることもあります。

インターネットだから見つからない、と思う人もいるかもしれません。書いた後で消そうと思っても、一度ネット上に流れてしまった物を完全に削除することはできません。今の技術では必ず誰が書いたかを警察が見つけます。逮捕されることもあります。

それだけではなく慰謝料（謝罪のお金）を払わなければならないこともあります。

ワーク ③ この人はなぜ、「○○は嫌なやつだ！」と書き込んでしまったのでしょうか。

※回答が出なかった場合は、「例えば、この人がお金がなかったからお店の物をとった場合、どんなアドバイスができますか」（万引きの場合）のように、**ワーク③**の「想定される回答」を例にあげて次のワークにつなげて下さい。

ワーク ④ この人がこういう書き込みをしないようにするためにどうしたらいいかアドバイスしましょう。「がまんする」以外の、具体的な方法を考えてみましょう。

想定される回答

ワーク③ この人はなぜ、「○○は嫌なやつだ！」と書き込んでしまったのでしょうか。	ワーク④ この人がこういう書き込みをしないようにするためにどうしたらいいかアドバイスしましょう。
・きらいだから ・相手が生意気だから	・言いたいことを紙に書く ・信頼できる人（ルールブック 46 頁）に相談する ・会わないようにする ・相手にしない、気にしないようにする ・違うことで発散する 　（ジム・バッティングセンター／布団にもぐって叫ぶ／枕・クッションを叩く等）
・おもしろ半分で ・注目を浴びたかった ・どうなるのかなと思った ・冗談のつもりだった	・他の楽しみを見つける ・他の方法を考える
・誰がやったかわからないと思った ・見つからないと思った ・みんなが書いているから大丈夫と思った	左のような答えが出てきた場合は以下の説明をして下さい。 【説明例】 　「いつかは見つかって、警察につかまったり、もっとお金を払わないといけなくなったりします。人からの信頼を失うことになります」 　その上で、この説明では「どうしたらいいか」ということを考えることができないため、ワーク③の※を参考にワークを進めて下さい。

今日は、ネットの書き込みについて勉強しました。今日のワークを忘れないようにしましょう。

インターネットやＳＮＳに悪口を書く・脅す❶

インターネットやSNSに悪口を書く・脅す❷

⚖ **脅迫**：2 年以下の懲役または 30 万円以下の罰金

狙い　ネットの書き込みが犯罪になる可能性があることを知る
書き込みをしたくなったらどうすればよいかを考える

今日は、ネットの書き込みについて勉強します。

ワーク❶　インターネットや SNS に「殺してやる！」と書かれた人はどうなりますか。

【想定される回答】

・嫌な気持ちになる　　・怖くてネットが見れなくなる　　・外を出歩けなくなる

ワーク❷　「殺してやる！」ということを書くと、どうなりますか。

【想定される回答】

○すぐに

・見つかる　・通報される

○後で

・信用を失う　・仕事をクビになる　・警察につかまる　・家族や周りの人等が悲しむ

・刑務所に行く　・次の仕事につきにくくなる　・事業所に行けなくなる

・グループホームにいられなくなる　・書いた相手に嫌われる

　「殺してやる！」ということをインターネットに書いても、ウソだからかまわないと思う人がいる
かもしれません。しかし、実際には、書かれた人は怖い思いをしたり、それが原因で外に出られな
くなったりするかもしれません。このような書き込みは「脅迫罪」という犯罪になることがあります。
　インターネットだから見つからない、と思う人もいるかもしれません。書いた後で消そうと思っ
ても、一度ネット上に流れてしまった物を完全に削除することはできません。今の技術では必ず誰
が書いたかを警察が見つけます。逮捕されることもあります。
　それだけではなく、慰謝料（謝罪のお金）を払わなければならないこともあります。

ワーク ❸　この人はなぜ、「殺してやる！」と書き込んでしまったのでしょうか。

※回答が出なかった場合は、「例えば、この人がお金がなかったからお店の物をとった場合、どんなアドバイスができ
　きますか」（万引きの場合）のように、**ワーク❸**の「想定される回答」を例にあげて次のワークにつなげて下さい。

ワーク ❹　この人がこういう書き込みをしないようにするためにどうしたらいいか
アドバイスしましょう。「がまんする」以外の、具体的な方法を考えてみ
ましょう。

想定される回答

ワーク❸ この人はなぜ、「殺してやる！」と書き込んでしまったのでしょうか。	ワーク❹ この人がこういう書き込みをしないようにするためにどうしたらいいかアドバイスしましょう。
・きらいだから ・腹が立ってしょうがない ・生意気だから	・言いたいことを紙に書く ・信頼できる人（ルールブック46頁）に相談する ・会わないようにする ・相手にしない、気にしないようにする ・違うことで発散する 　（ジム・バッティングセンター／布団にもぐって叫ぶ／枕・クッションを叩く等）
・おもしろ半分で ・注目を浴びたかった ・どうなるのかなと思った ・冗談のつもりだった	・他の楽しみを見つける ・他の方法を考える
・誰がやったかわからないと思った ・見つからないと思った ・みんなが書いているから大丈夫と思った	左のような答えが出てきた場合は以下の説明をして下さい。 【説明例】 　「いつかは見つかって、警察につかまったり、もっとお金を払わないといけなくなったりします。人からの信頼を失うことになります」 　その上で、この説明では「どうしたらいいか」ということを考えることができないため、ワーク❸の※を参考にワークを進めて下さい。

今日は、ネットの書き込みについて勉強しました。今日のワークを忘れないようにしましょう。

インターネットやSNSに悪口を書く・脅す❷

ワーク
違法ダウンロード

 著作権法違反：
2 年以下の懲役または 200 万円以下の罰金（またはその両方）

狙い 違法ダウンロードは犯罪であることを知る
違法ダウンロードの危険性について知る

今日は、違法ダウンロードをしてはいけないということを勉強します。

ワーク ❶

インターネットにアップされている映画や音楽をダウンロードすると、どういうことが起こりますか？

想定される回答

○すぐに
・ウイルスに感染する　・お金を請求される

○後で
・信用を失う　・仕事をクビになる　・警察につかまる　・家族や周りの人等が悲しむ
・刑務所に行く　・次の仕事につきにくくなる　・事業所に行けなくなる
・グループホームにいられなくなる

　映画や音楽等は、つくった人にお金を払って見るのがルールです。つくった人に許可をとらずにインターネット上にアップされている映画や音楽をダウンロードすることを「違法ダウンロード」といいます。違法ダウンロードの場合は作品をつくった人にお金が入りません。それでは、つくった人は生活ができなくなり、次の作品をつくることもできなくなります。だから、違法ダウンロードは犯罪とされています。

　インターネットだから見つからない、と思う人もいるかもしれません。しかし、今の技術では必ず誰がダウンロードしたかを警察が見つけます。逮捕されることもあります。

ワーク ❷

インターネット上にアップをされているもので、映画や音楽以外に、気をつけなければならないものはありますか？

想定される回答

・マンガ　・写真　・イラスト

マンガは、インターネット上に違法な物がたくさんあるようです。気をつけましょう

第1章　してはいけないこと

ワーク ❸　違法ダウンロードをしないために、どんなことに気をつけたらいいですか？

想定される回答

・ダウンロードをしていいサイトかどうかを確認する　・ダウンロードする時はお金を払う

今日は、違法ダウンロードをしてはいけないということを勉強しました。今日のワークを忘れないようにしましょう。

8 刃物を持ち歩いてはいけません (ルールブック 25 頁)

目　的

● 刃物の持ち歩きが禁止されていることについて学ぶ
● 日常で使うことのある刃物も、むやみに持ち歩くことで犯罪になりうると知る
● 刃物類（木刀やバット等、使い方によっては危険な物を含む）を持ち歩くことが必要な時の持ち歩きのルールを学ぶ

支援者に知ってほしいこと

● 刃物の持ち歩きに関するルールは詳細で難しいこと
● 「護身のために刃物等を持ち歩く」という考え方を持っている人もいる
　そう考えた理由について、相談できたり振り返ったりできるような機会が必要であること

① 包丁やナイフをカバンに入れて持っている （ルールブック 25 頁）……●

　包丁やナイフの持ち歩きについては、刃体の長さにより、銃砲刀剣類所持等取締法（以下「銃刀法」）違反あるいは軽犯罪法違反にあたります。

〔銃刀法で持ち歩きが禁止される刃物〕
●刃体（刃の部分）の長さが6センチメートル以上の長さのもの
●持ち歩き禁止から除外される刃物：刃体の長さが8センチメートル以下の長さのはさみ、折りたたみナイフ、果物ナイフ、7センチメートル以下の切り出しといったものの一部

包丁やナイフをカバンに入れて持っている

※ただし、刃体の厚さや先端の丸み等、細かい指定があります。
※さらに、6センチメートル以下の刃物でも、理由なく持ち歩くことで軽犯罪法という法律に違反して罰則を受ける可能性があります。

　カバンに入れていても、手に持っていても同じ犯罪です。ただし、手で持っている方が目立つため、警察に声をかけられやすくなります。また、以下の「正当な理由」が

認められにくくなります。

〔持ち歩きが許される正当な理由〕
●包丁等を買って持ち帰る場合
●板前が包丁を商売道具としてケースに入れて持ち歩いているような場合
●バーベキューや釣り等の際に危険がないようにカバンに入れている場合

※護身用という理由は、正当な理由として認められません。

② 何人かで木刀やバットを持っている （ルールブック 25 頁）…………●

木刀やバットを持ち歩くと以下のような可能性があ
ります。

●凶器準備集合罪や迷惑防止条例違反等の犯罪にあ
たる
●何らかの犯罪を疑われて、警察官に職務質問を受
けたり、逮捕されてしまう
●ケース等に入れないでそのまま持ち歩くことで、
それによって人が怖い思いをしたとして犯罪にあ
たる

何人かで木刀やバットを
持っている

ワーク

包丁やナイフをカバンに入れて持っている

 銃砲刀剣類所持：3年以下の懲役または50万円以下の罰金
軽犯罪法：拘留または科料

狙い　刃物を持ち歩くことが犯罪になることを知る

今日は、刃物を持ち歩いてはいけないということを勉強します。

口頭質問

包丁やナイフをカバンに入れて持っていると、逮捕されることがあると思いますか。

包丁やナイフを持ち歩くと逮捕されることがあります。
包丁やナイフは危険なものだからです。

ワーク ❶　　包丁やナイフを持ち歩かなければならない時はありますか。

想定される回答

・引越しの時　・釣りに行く時　・バーベキューの時　・身を守るため

・けんかに負けないため

※「身を守るため」、「けんかに負けないため」という回答がでたら、持っていていい理由にはならないことを伝え、
　次のようなことを聞いてみて下さい。
　　・なぜそう思うようになったのか　・刃物を持つ以外の方法がないか

ワーク ❷　　引越しの時、釣りに行く時、バーベキューの時は、持っていても犯罪に
はなりません。そういう時は、どうすればいいでしょうか。

想定される回答

・ケースに入れる　・刃の部分のカバーをつける　・タオルや新聞紙でくるんでカバンに入れる

今日は、刃物を持ち歩いてはいけないということを勉強しました。今日のワークを忘れないよ
うにしましょう。

第1章　してはいけないこと

ワーク

木刀やバットを持っている

⚖ **銃砲刀剣類所持**：3年以下の懲役または50万円以下の罰金
凶器準備集合：2年以下の懲役または30万円以下の罰金
軽犯罪法：拘留または科料

狙い　木刀やバットを持ち歩くことが犯罪になることを知る

今日は、木刀やバットをそのまま持ち歩いてはいけないということを勉強します。

口頭質問

木刀やバットをそのまま持って歩いていると、逮捕されることがあると思いますか。

バットや木刀をそのまま持ち歩いていると、犯罪をしようとしているということや、人を怖がらせたということで逮捕されることがあります。

ワーク ❶ バットや木刀を持ち歩かなければならない時はありますか。

想定される回答

・野球をしに行く時　・剣道をしに行く時　・引越しの時　・身を守るため
・けんかに負けないため

※「身を守るため」、「けんかに負けないため」という回答がでたら、持っていていい理由にはならないことを伝え、次のようなことを聞いてみて下さい。
　・なぜそう思うようになったのか　・バットや木刀を持つ以外の方法がないか

ワーク ❷ バットや木刀を持ち歩かなければならない時は、どうすればいいでしょうか。

想定される回答・専用のケースに入れる　・カバンに入れる

今日は、木刀やバットをそのまま持ち歩いてはいけないということを勉強しました。今日のワークを忘れないようにしましょう。

包丁やナイフをカバンに入れて持っている／木刀やバットを持っている

9 違法薬物を使ってはいけません（ルールブック 26-29 頁）

● 法律で禁止された薬物（違法薬物）や危険ドラッグの危険性について学ぶ
● 違法薬物を使用してしまうきっかけとそれを避けるための方法を学ぶ

支援者に知ってほしいこと

● 実際に違法薬物に触れるきっかけは、友だちや先輩といった、身近な人からもらうことも多いこと
● 最近はインターネットで買える薬物が増えてきていること
● 「眠くならない薬」「元気が出る薬」「やせ薬」等、違法な薬ではないかのような言い方で誘われることも多いこと
● 「だめ絶対」「人間やめないといけなくなる」等、「悪いこと」だと強調すると、相談がしにくくなり、どんどん状況が悪くなること。

　薬物には、一度使うことでやめられなくなったり、幻覚や興奮作用等、何らかのマイナスな影響を与えるものがあります。このうち法律で禁止されているものを「違法薬物」、現時点では法律で禁止されていないものを「危険ドラッグ」といいます。

①違法薬物とは

　覚せい剤、大麻、シンナー等、法律で許可なく使ったり持っていることが禁止されている薬物を「違法薬物」といいます。表「日本の法律で禁止されているおもなドラッグ」にあるように一口に違法薬物といってもいろいろなものがあり、特徴やその作用も様々ですが、人の健康をむしばむというところが共通しています。

② 「危険ドラッグ」について

　現状は法律で禁止された薬物にあたらないような成分を使い、違法薬物と同じ効果を得ようとするものを「危険ドラッグ」といいます。
　これらの薬物も、「違法薬物」と同じ、やめられなくなったり、健康に悪い影響があります。実際には、既に使用が禁止されているものもありますし、現在禁止されていないものであっても、いずれは法律で禁止される可能性が高いものです。

日本の法律で禁止されているおもなドラッグ

種類	特徴	作用
覚せい剤（シャブ、エス、スピード）	化学的に合成してつくられる。おもに白い粉末や、無色透明の結晶。	気分が高揚し、疲れを感じず、集中力が高まるが、そのうちに幻覚、妄想が現れてくる。肉体的な禁断症状はないが、そのぶん精神的な依存性が高い。大量に摂取すると、死に至る。
大麻（マリファナ、ハッパ）	大麻草は、中央アジア原産の植物で、古代から繊維用として栽培されてきた。世界で一番使われているドラッグ。	気分が高揚し、聴覚等が鋭くなるような感覚がある。しかし、使いつづけると思考力が低下し、異常行動をとったりすることがあるので、ふつうの社会生活を送るのが難しくなる。
コカイン（コーク、スノウ、ホワイト）	コカという木の葉が原料。おもに白い粉末や無色透明の結晶。	覚せい剤と同じように、精神的な依存性が高く、やめることが非常に難しい。覚せい剤と比べると、短時間だが強い作用がある。皮膚と筋肉の間に虫が這いまわる等の幻覚もある。
ヘロイン（スマック）	原料はケシという植物。鎮痛薬としても使われるモルヒネを合成してつくられる。白または茶色の、結晶性の粉末。	ヘロインによる快感は、他のどんなものよりも強いと言われる。反面、筋肉や関節に耐えがたい激痛が走る等、強い禁断症状があり、これがひどくなると精神にも異常をきたす。
MDMA（エクスタシー）	化学的に合成してつくられる。錠剤の形をしていて、カラフルな色やデザインのものが多い。最近、特に若者の間で広がりを見せている。	作用としては覚せい剤に近く、幸せな気分、自信、安心感等が得られる。大量に摂取すると、体温をコントロールする機能が失われるのが特徴で、熱中症や心臓発作等、急性の死亡事故も多い。

近藤恒夫『世の中への扉　ほんとうの「ドラッグ」』（講談社、2012 年）より作成

③違法薬物・危険ドラッグが禁止される理由
・使用する人への健康被害があること
・薬物がない状態に耐えることができない状態（依存）になり、繰り返し使っているうちに一回に使う量が増える（耐性）という悪循環でやめられなくなること
・違法薬物や危険ドラッグが、犯罪組織や反社会的な勢力の資金源となること
・違法薬物や危険ドラッグを使用することでさらに別の犯罪を引き起こしてしまう可能性があること

④処罰される行為について
　以下の行為はいずれも犯罪になり、刑罰を受けることになります
・違法薬物を使うこと
・違法薬物を持っていること
・違法薬物を人とやり取りすること等
　（薬物ごとの刑罰はルールブック 26 頁参照）。

違法薬物を使ってはいけません

189

⑤違法薬物や危険ドラッグとの出会い

　違法薬物や危険ドラッグとは、悪い人と付きあっていたからではなく、先輩や友だちから誘われて出会うことも多いです。相手も危険性を知らないという場合もあるということです。

　例えば、次のように誘われます。

・友だちのグループで、「これを吸うと気持ちよく遊べるから」と誘われる
・仕事で失敗をして落ち込んでいる時に、職場の先輩が「このハーブ、元気がでるよ」といってハーブをくれる
・ダイエットしたいな、と思っている時に、仲良しの友だちが「このクスリ、きれいに痩せられるよ」と言って錠剤をくれる
・付き合っている相手が「変な薬じゃないよ、とっても気持ちよくなるよ」「気持ちが落ち着くよ」と言ってクスリをくれる

　また、「痩せ薬」「合法ハーブ」といった誘い文句でインターネットで買った薬が危険な薬物だったということも起きています。自分で安全性を判断することはできず、身体にとってとても危険です。

⑥薬物依存症について

　薬物を使っていると、薬物の使い方を自分でコントロール（減らす・やめる等）することができなくなり、日常生活や、社会生活に不都合が起きている（困った状態になっている）のにやめることができない状態になることがあります。このような状態を依存といいます。依存状態になると、本人がどんなに強く反省し決意をしても、周りがどんなに説得をしても、自分では薬物の使用をやめたり、減らしたりすることができなくなります。

　この状態をどのようにとらえるかは時代とともに変わってきています。簡単には以下のような変化です。

<table>
<tr><th></th><th>捉え方</th><th>対応</th></tr>
<tr><td rowspan="3">昔 ↓ 今</td><td>「意思の弱い人」「厄介な人」「犯罪者」</td><td>努力・反省が足りない。
薬物をやめることができないのは自己責任
犯罪者なので刑罰を科す</td></tr>
<tr><td>「依存症」という病気</td><td>病気なので治療する</td></tr>
<tr><td>「薬物を使っていることによって困ったことが起きている（使用障害）」（「依存症」になっているのかは問わない）</td><td>困らずに生きていけるように、根本的な原因を解決するための支援・治療を行う

※世界的には刑罰を科さない取組みも広がっている。</td></tr>
</table>

日本では、違法薬物の使用について、上に述べたように重い刑罰が定められていますが、刑罰を受けても、この「困った状態」は解消しないことがほとんどです。自助グループや専門の病院で支援・治療を受けていくことが有効です。

※依存症・アディクションに関する相談窓口・支援団体
　NHK ハートネット「福祉情報総合サイト」が参考になります。
　https://www.nhk.or.jp/heart-net/topics/6/#p-topicsDetail__section--06
※市販の鎮痛薬や咳止め薬、病院で処方される睡眠薬や精神安定薬等も依存症になる可能性があります（本書 248 頁）。

もう少し知りたい人へ・文献紹介（2）　　　　　　　column

薬物依存症などの依存症について

- 近藤恒夫『世の中への扉　ほんとうの「ドラッグ」』（講談社、2012）
- 上岡陽江＋ダルク女性ハウス『生きのびるための犯罪（みち）』（イースト・プレス、2012）
- 成瀬暢也『薬物依存症の回復支援ハンドブック　援助者、家族、当事者への手引』（金剛出版、2016 年）
- 松本俊彦、古藤吾郎、上岡陽江編著『ハームリダクションとは何か—薬物問題に対する、あるひとつの社会的選択—』（中外医学社、2017）
- ダルク編『ダルク　回復する依存症者たち—その実践と多様な回復支援』（明石書店、2018 年）
- 富岡俊昭『僕らのアディクション治療法』（星和書店、2019 年）

ワーク

違法薬物を使ってはいけません

	自分で使う	他の人に売る
覚せい剤	10年以下の懲役	1年以上30年以下の懲役または500万円以下の罰金との併科
大麻	5年以下の懲役	7年以下の懲役または200万円以下の罰金との併科
シンナー	1年以下の懲役もしくは50万円以下の罰金またはこれらの併科	3年以下の懲役もしくは200万円以下の罰金またはこれらの併科
危険ドラッグ	3年以下の懲役もしくは300万円以下の罰金またはこれらの併科	3年以下の懲役もしくは300万円以下の罰金またはこれらの併科

※併科：両方の罰を受けること

狙い 法律で禁止された薬物（違法薬物）の危険性について学ぶ
違法薬物を使用してしまうきっかけとそれを避ける方法を学ぶ

今日は違法薬物を使ってはいけないということを勉強します。

世の中には、使ってはいけない薬物があります。シンナー、覚せい剤、麻薬、危険ドラッグ等です。これらを「違法薬物」といいます。今日はこういう、使ってはいけない薬物について勉強します。

ワーク ❶   違法薬物を使うとどういうことが起きるでしょうか。

想定される回答

・やめられなくなる　・買いすぎて、お金が足りなくなる　・病気になる　・幻覚　・幻聴
・死ぬ　・信用を失う　・仕事をクビになる　・警察につかまる　・家族や周りの人等が悲しむ
・刑務所に行く　・次の仕事につきにくくなる　・学校や職場に行けなくなる
・グループホームにいられなくなる

　違法薬物を使うと自分にとても良くないことが起こります。みんなには見えていないものが自分だけに見えるようになったり、みんなには聞こえていないことが自分だけに聞こえるようになったりして怖い思いをすることがあります。重い病気になったり、心臓の病気で死んでしまったりすることもあります。そして、使うのをやめようと思ってもやめられなくなることがあります。

　だから、違法薬物は、使っているだけでなく、持っているのもだめですし、誰かに売ったり、買ったりしてはいけないことになっています。

違法薬物を使い始めるきっかけは、悪い人から誘われることだけはありません。先輩や友だちや恋人から誘われて使いはじめることがとても多いです。

　例えば、次のように誘われます。

・友だちから、「これを吸うと気持ちよく遊べるから」と誘われる
・仕事で失敗をして落ち込んでいる時に、職場の先輩が「このハーブ、元気がでるよ」といってハーブをくれる
・ダイエットしたいな、と思っている時に、友だちが「このクスリ、きれいに痩せられるよ」と言って錠剤をくれる
・付き合っている相手が「変な薬じゃないよ、とっても気持ちよくなるよ」「気持ちが落ち着くよ」と言って薬をくれる

　最近は、人からもらうだけではなく、インターネットで買った薬がよくない薬だったということも起きています。「これは合法のハーブ」「お香だから大丈夫」等と書いてあることもありますが、病院や薬局で処方されたり、ドラッグストアで買った薬以外は、身体にとってとても危険です。そもそも、使うことが犯罪になることも多いです。お医者さんでもらったもの以外の薬は飲まないようにしましょう。

ワーク ②　　　友だちから「これを吸うと気持ちよく遊べるから」と誘われたら、どう返事をするか考えてみましょう。

想定される回答

・きっぱり断る　　・逃げる。その場を離れる
・切り返す　　　　「なんでそんな怖いこというのか」
・話をそらす　　　「そんなことよりも、昨日の試合見ましたか」等
・別の提案をする　「そんなことよりゲームの方が面白いよ。ゲームしよう」
・気持ちを伝える　「そんなことに誘うなんて、怖いよ」「悲しいよ」
・理由を伝える　　「他に飲んでいる薬があるので、医者に聞いてみます」

※「断る」という答えが出た場合は、「何と言って断りましょうか」と具体的な答えを聞いてみましょう。
※「関係が悪化するから言えない」という方には、関係が悪化したら困るか、何が困るか、他の人間関係をつくるのはどうか、等を話し合ってみましょう。
※ここは、「友だち」の部分について「彼氏（彼女）」「お世話になっている先輩」等、いろいろなパターンで聞いてみて下さい。

　　　その答えが実際にできるかどうか、練習してみましょう。私を先輩だと思ってやってみて下さい。

※はっきり断れるかどうか、何度も頼まれても断れるかどうか、等のパターンで実際のやりとりをやってみましょう。

ワーク ③ 　断っても何度も誘われてしまい、断れずに受け取ってしまったらどうしますか？

想定される回答

・信頼できる人（ルールブック 46 頁）に相談する　・弁護士に相談する　・警察に相談する

　　違法薬物は、持っているだけでも、逮捕されることがあります。もし、受け取ってしまったら、必ず信頼できる人に相談しましょう。

　　今日は違法薬物を使ってはいけないということを勉強しました。今日のワークを忘れないようにしましょう。

海外の大麻使用合法化に関して
〈各国で進む大麻使用合法化と若者への対策〉

　これまで違法とされてきた薬物覚せい剤、麻薬、大麻等は、健康にも社会的にもあまりに被害が大きいために取り締まられてきました。

　しかし、最近では世界各国において違法薬物の個人使用や使用のための所持については非刑罰化政策や、嗜好品大麻使用の合法化がおこなわれる等新しい政策がおこなわれております。

　これは薬物使用者を処罰で解決するのではなく、薬物を使わざるをえない要因を解決するための支援や治療の対象としてとらえるようになってきているからです。処罰は最も効果的な方法ではなく、問題をより深刻にさせるからです。世界のさまざまな国で、薬物の使用を健康問題や公衆衛生問題として取り扱うことが問題解決に有効であると言われ出しました。すべての薬物において個人使用と使用のための所持の非刑罰化を行ったポルトガルの政策がこのことを表しています。

　ただし、嗜好品としての大麻使用合法化については、青少年を大麻から守るためにも行われている政策であり、決して害がないので合法化されているといった単純なものでもありません。

　例えば、カナダ政府（国立の大麻研究機関）の 2017 年の調査では、15 歳以上のカナダ人 15％にあたる 440 万人が過去 12 か月間に大麻を使用したことが報告されています。（15 〜 19 歳では 19％、20 〜 24 歳では 33％、25 歳以上では 13％）。

　大麻の使用は統合失調症等の精神疾患を発症するリスクを高めます。これは特に次のような人にあてはまります。若い年齢で大麻を使い始める、大麻を頻繁に使用する（毎日またはほぼ毎日）、統合失調症の個人歴または家族歴がある等です。

　若者は大麻の影響に対して特に脆弱です。25 歳頃まで脳が発達している過程での使用は健康被害リスクが高いという事です。これは、大麻の「ハイ」になる物質である THC が、脳に影響を与えるためです。

　このような健康被害はタバコやアルコールと類似しており、年齢や場所、機会等限定的な使用が許される取り扱いと同じようになっています。また、アルコールと同じように大麻消費に課税を実施して社会保障を充実させています。

　未成年者に大麻を供給したり、自動車の運転中に大麻を使用したりした場合の罰則を強化しています。

　薬物を初めて使用する時期は 10 代が多く、身近な友人・知人から勧められ

（次頁へ）

違法薬物を使ってはいけません

ます。多くは悪意があって勧めてくるわけではなく、逆に良心から、こころを許せる友人には知りえた秘密を共有したいといった素朴な感情からです。そこから少しぐらいなら大丈夫だろう、いつでも止められるといった誤解のもと進行していきます。

　いま、日本でも若者の大麻使用が広がり、誤った情報が流布していることを危惧しております。正確な情報をもとに正しい理解が進み、結果、薬物問題が解決に向かうことを切に望んでいます。

（加藤武士）

＊参考
カナダ政府による大麻調査報告
https://www.canada.ca/en/health-canada/services/publications/drugs-health-products/canadian-cannabis-survey-2019-summary.html
カナダ政府
https://www.canada.ca/en/health-canada/services/publications/drugs-health-products/canadian-cannabis-survey-2019-summary.html

第2章

気を
つけたい
こと

1 インターネットを使うときは気をつけよう

(ルールブック 30 〜 31 頁)

目 的

- SNS の危険性を知る
- 迷惑メールや危険なサイトをクリックした場合の具体的な対処の方法を考える
- インターネットでの情報は、不特定多数の人に向けて発信されることを学ぶ
- インターネットは匿名で書き込んでも、誰が書き込んだのかは特定されることを学ぶ
- インターネットに書き込みをしたくなったらどうすればよいかを考える

支援者に知ってほしいこと

- インターネットを利用したサービスの急速な発展・拡大にともない、メールやインターネットを用いた詐欺や個人情報流出等が起こるようになってきていること
- 被害が発覚した際に叱責すると、相談できなくなるため、相談できたことを喜ぶことで被害の拡大を防ぐことができること
- 被害にあった場合は、各都道府県に設置された消費生活センターに相談すれば対応してくれる場合があること
- SNS 等への書き込みは業務を妨害したり、人の名誉を傷つけることがあるため犯罪になる場合があること
- SNS 等への書き込みはその内容が本当のことであっても、犯罪になる場合があること
- SNS 等への書き込みの結果、損害賠償責任を負わされることもあること

---

① 迷惑メールや怪しいサイトを開かない (ルールブック 30 頁) ………●

　メールや LINE に来たメッセージを開いたり、記載されたリンク先をクリックすることで、以下のような被害にあうことがあります。

- 端末（パソコンやスマートフォン）がウイルスに感染し、個人情報等が流出してしまう
- 多額のお金を請求される

たくさんのお金を請求される

ウイルスでパソコンが壊れる

これらに対しては以下の対策をとることが有効です。

●知らない人からのメッセージは開かない

●開いてしまったり、お金を請求する等のメッセージが来たりしたら、消費生活センターや弁護士に相談する

※インターネット上の詐欺については、日々方法が変化しています。以下のようなサイトで、常に最新の情報を得るようすることが有効です。

・総務省「インターネットトラブル事例集」

・消費生活センター

・警視庁「特殊詐欺」(https://www.keishicho.metro.tokyo.jp/kurashi/tokushu/furikome/furikome.html)

② SNS 等で会社の悪口を書き込む（ルールブック 31 頁）

SNS 等へは気軽に書き込んでしまうことがあります。
しかし、内容によっては、以下の犯罪等にあたることがあります。

会社の話（悪口）を
インターネットやTwitter、

●会社の話（悪口）を書き込む場合：名誉毀損罪

　※書いたことが本当であっても、原則として、名誉毀損罪にあたります。

●会社の話（悪口）を書き込むことで会社の業務に影響が出た場合：業務妨害罪

③ 会社やお店にたくさんのメールを送る（ルールブック 31 頁）

たくさんのメール等を会社や店に送ってしまった場合、これによって会社やお店の回線がパンクしてしまったり、メールの対応に追われて本来業務が停滞してしまう可能性があります。この場合、業務妨害罪になることがあります。

たくさんのメールを
会社やお店に送る

インターネットを使うときは気をつけよう

狙い　メールやLINE等から詐欺被害にあうことがあることを知る
メールに返信したり、リンクをクリックしてしまった場合の対応を考える

今日はインターネットを使う時に気をつけるメール、気をつけるサイトについて勉強します。

口頭ワーク

これは詐欺だな、と思うメールがきたことはありますか?

※実際に、危険なメールを示すとわかりやすいです。
　題材は一般財団法人　日本データ通信協会のHP、迷惑メール相談センター等に掲載されています。
　https://www.dekyo.or.jp/soudan/index.htm

ワーク ❶

今見せたようなメールやショートメール、LINE メッセージに対して、返信をしたり、リンク先に飛んだら、どういうことが起きますか?

想定される回答

・スマホの情報、友だちのアドレス、買い物用のカードのパスワード、アカウント等が相手に知られてしまう　・ウィルスでスマホやパソコンが壊れる　・銀行口座の情報を相手に知られて勝手にお金を引き出される　・詐欺にあって、お金を振込んでしまう　・アカウントが人に乗っ取られてしまう

　知らないアドレスからのメールは、リンクをクリックしたり、返信をすると、お金を払って下さいというメールがきたり、スマホが壊れたりすることがあります。

ワーク ❷

最初に見せたようなメールがきたら、どうしたらいいでしょうか。

想定される回答

・返事をしない　・メールを開かないで削除する　・携帯ショップに行って聞いてみる
・信頼できる人(ルールブック 46 頁)や、携帯ショップの店員さんに相談する

※以下のような対応があるので確認して下さい

① 迷惑メールが届かないように、登録者以外のメールは受信しない設定にしておく。

　※設定方法は携帯ショップの人に聞く

② 届いてしまった場合

- ・知らないアドレスからのメールは開かない
- ・メールを開いてしまった場合も、リンクをクリックしない。添付ファイルを開かない
- ・「お金を払いなさい」というメールがきたり、そういう画面になってもお金を払わない
- ・信頼できる人（ルールブック 46 頁）や、携帯ショップの人に相談する

ワーク ❸

届いたメールのリンク先をクリックしてしまって、お金の請求の画面になったり、お金の請求のメールが来たらどうしたらいいでしょうか。

想定される回答

- ・そのページは閉じる　・お金を払わない　・返事のメールや電話をしない
- ・信頼できる人（ルールブック 46 頁）に相談する

詐欺メールに騙されることは恥ずかしいことではありません。できるだけ早く相談をしましょう。

口頭ワーク

他にあやしいなと思うメールや、あやしいサイトをみたことはありますか。

（口頭で聞いてみる）

想定される回答

- ・「パチンコ必勝法教えます」　・「宝くじに当選しましたので、賞金をお受け取り下さい」
- ・「お友だちになりませんか」　・「リンクだけのメール」
- ・以下のようなことが書いてあるメール

　「未払いのお金を払って下さい」「荷物をお届けしましたが、不在でした」「裁判を起こされました」

これらも同じです。返信したり、リンクをクリックしないようにしましょう。

※時代にあわせてさまざまなパターンのメッセージが届きます。一般財団法人　日本データ通信協会の迷惑メール相談センター等で確認して下さい。https://www.dekyo.or.jp/soudan/index.htm

今日はインターネットを使う時に気をつけるメール、気をつけるサイトについて勉強しました。今日のワークを忘れないようにしましょう。

ワーク

会社の話(悪口)をインターネットやSNSに書き込む

 信用毀損および業務妨害:
3年以下の懲役または50万円以下の罰金

名誉毀損:
3年以下の懲役もしくは禁錮または50万円以下の罰金

 狙い ネットの書き込みが犯罪になる可能性があることを知る
書き込みをしたくなったらどうすればよいかを考える

今日は、会社の話や悪口をインターネット等に書きこんではいけないということを勉強します。

ワーク ❶ インターネットやSNSに自分が働いている会社の悪口を書き込むと会社はどうなりますか。

想定される回答

・ネット上で炎上する　・会社に多くの電話がかかってくる　・会社に多くのメールがくる
・会社の株価が下がる

ワーク ❷ インターネットやSNSに自分が働いている会社の悪口を書いた人はどうなりますか。

想定される回答

○すぐに
・見つかる　・会社で怒られる
○後で
・信用を失う　・会社をクビになる　・会社にいづらくなる　・給料を下げられる
・次の仕事につきにくくなる　・警察につかまる　・会社が世間から嫌われる

インターネットだから、悪口を書いても見つからないから大丈夫だと思う人がいるかもしれません。しかし、今の技術では必ず誰が書いたかがわかります。また、書かれた会社に批判が集まり、つぶれてしまうような可能性もあります。そうなると、「業務妨害罪」や「名誉毀損罪」という犯罪になることがあります。書いていることが本当のことであっても「名誉毀損罪」になることもあります。

　また、会社で噂になって仕事がしにくくなったり、給料が減らされたり、クビになることもあります。インターネットに書いたことが原因で、会社に迷惑をかけてしまうことがあるからです。迷惑をかけたことで、会社に慰謝料（謝罪のお金）を払わなければならないことがあります。

　書いた後で消そうと思っても、一度ネット上に流れてしまった物を完全に削除することはできません。

ワーク ❸　この人はなぜ、会社の悪口を書き込んでしまったのでしょうか。

※回答が出なかった場合は、「例えば、この人がお金がなかったからお店の物を盗った場合、どんなアドバイスができますか」（万引きの場合）のように、ワーク❸の「想定される回答」を例にあげて次のワークにつなげて下さい。

ワーク ❹　この人がこういう書き込みをしないようにするためにどうしたらいいかアドバイスを考えましょう。「がまんする」以外の、具体的な方法を考えてみましょう。

ワーク❸ この人はなぜ、会社の悪口を書き込んでしまったのでしょうか。	ワーク❹ この人がこういう書き込みをしないようにするためにどうしたらいいかアドバイスを考えましょう。
・会社で腹の立つことがあった ・その会社をつぶしたい ・とにかく会社が嫌いだ ・会社がブラックすぎる	・信頼できる人（ルールブック 46 頁）に相談する。
・おもしろ半分で ・注目を浴びたかった ・どうなるのかなと思った ・イライラしていて	・自分の好きなことをする ・気分転換の方法を見つける。 　（ジムに行く、音楽を聴く、カラオケに行く）
・誰がやったかわからないと思った。 ・見つからないと思った。 ・みんなが書いているから大丈夫と思った。	左のような答えが出てきた場合は以下の説明をして下さい。 【説明例】 　「いつかは見つかって、警察につかまったり、もっとお金を払わないといけなくなったりします。人からの信頼を失うことになります」 　その上で、この説明では「どうしたらいいか」ということを考えることができないため、ワーク❸の※を参考にワークを進めて下さい。

　今日は、会社の話や悪口をインターネット等に書きこんではいけないということを勉強しました。今日のワークを忘れないようにしましょう。

たくさんのメールを会社やお店に送る

⚖️ **信用毀損および業務妨害：**
3年以下の懲役または50万円以下の罰金

狙い メールの送信が犯罪になる可能性があることを知る
メールの大量送信をしたくなったらどうすればよいか
を考える

今日は会社やお店にたくさんのメールを送りつけてはいけないということを勉強をします。

ワーク ❶   たくさんのメールを送られたお店はどうなりますか。

想定される回答

・他のメールが見られない　・大事なメールを見逃してしまう　・仕事に影響が出る

ワーク ❷   たくさんのメールを送った人はどうなりますか。

想定される回答

○すぐに
・通報される
○後で
・信用を失う　・仕事をクビになる。
・警察につかまる　・家族や周りの人等が悲しむ
・刑務所に行く　・次の仕事につきにくくなる
・事業所に行けなくなる　・グループホームにいられなくなる

　メールをたくさん送るくらいかまわないと思う人がいるかもしれません。しかし、実際には、お店のパソコンの容量がいっぱいになってしまって、お店に必要なメールが届かなくなったり、メールへの対応で他の仕事ができなくなったりすることがあります。そうなると、お店の仕事を邪魔したことになり「業務妨害罪」という犯罪になります。

　インターネットだから見つからない、と思う人もいるかもしれません。しかし、今の技術では必ず誰が書いたかを警察が見つけます。逮捕されることもあります。送った後で消そうと思っても、一度送信してしまったメールを削除することはできません。

　メールだけでなく同じお店に何度も電話をかけることも同じ「業務妨害罪」にあたります。

第2章　気をつけたいこと

ワーク❸　この人はなぜ、お店にたくさんのメールを送ってしまったのでしょうか。

※回答が出なかった場合は、「例えば、この人がお金がなかったからお店の物を盗った場合、どんなアドバイスができますか」（万引きの場合）のように、ワーク❸の「想定される回答」を例にあげて次のワークにつなげて下さい。

ワーク❹　この人がこういう書き込みをしないようにするためにどうしたらいいかアドバイスを考えましょう。

ワーク❸ この人はなぜ、お店にたくさんのメールを送ってしまったのでしょうか	ワーク❹ この人がこういう書き込みをしないようにするためにどうしたらいいかアドバイスを考えましょう。
・そのお店に腹のたつことがあった ・そのお店をつぶしたい ・とにかくそのお店が嫌いだ	・信頼できる人（ルールブック 46 頁）に相談する ・店員さんに伝える（お客様窓口あての葉書など） ※伝える際、乱暴な言葉遣いにならないよう、練習できるといいと思います。
・おもしろ半分で ・注目を浴びたかった ・どうなるのかなと思った	・気分転換の方法を見つける 具体例：ジムに行く　音楽を聴く カラオケに行く ・他の方法を考える
・誰がやったかわからないと思った。 ・見つからないと思った。 ・みんなが書いているから大丈夫と思った。	左のような答えが出てきた場合は以下の説明をして下さい。 【説明例】 「いつかは見つかって、警察につかまったり、もっとお金を払わないといけなくなったりします。人からの信頼を失うことになります」 その上で、この説明では「どうしたらいいか」ということを考えることができないため、ワーク❸の※を参考にワークを進めて下さい。

今日は、会社やお店にたくさんのメールを送ってはいけないということを勉強をしました。今日のワークを忘れないようにしましょう。

2 自分の情報は他の人に渡さない

（ルールブック 32 ～ 33 頁）

目 的

- 人に教えることで不利益になる情報があり、それを渡すことで被害者になったり、加害者になったり、トラブルになる場合があることを学ぶ
- 人から自分の情報や大切なものを教えてほしい、貸してほしいと頼まれた時にどうしたらよいかを考える

支援者に知ってほしいこと

- 「渡してはいけない情報」の判断が難しいこと
- 携帯電話や通帳を売ることで犯罪に悪用される場合があること
- 被害が発覚した際に叱責すると、相談できなくなるため、相談できたことを喜ぶことで被害の拡大を防ぐことができること

① 自分の大事な情報 （ルールブック 32 頁）

　自分の大事な情報は、次の4つです。これらを伝えたり、渡すことで以下のようなトラブルに巻き込まれる可能性があります。

大事な情報の種類	教えたり、渡すことによっておこるトラブル
・個人情報（生年月日、電話番号、電話番号、暗証番号やマイナンバー等）	・勝手に暗証番号で口座からお金を引き出される ・詐欺の電話をかけているようなところに番号を売られる
・お金を管理しているもの（通帳やキャッシュカード、電車のICカード等）	・他人に渡すことで中のお金を使われたり勝手に引き出される ・犯罪等のために悪用される（特殊詐欺の振込口座等）
・自分の身分を示すもの（免許証、保険証、療育手帳、住民票や戸籍謄本、社員証、マイナンバーカード等）	・勝手に自分名義の口座を作られる ・自分の名前で勝手に契約をさせられる ・自分の名前で勝手にお金を借りられる ・偽装の縁組や結婚をさせられる
・情報の記録が含まれているもの（携帯電話、パソコン等）	・犯罪等のために悪用される（特殊詐欺で使われる等） ・中のデータを悪用される（ネット口座からお金を引き出される、勝手に物を買われる等）

② 通帳や印鑑を貸す（ルールブック 33 頁）

通帳や印鑑等のお金を管理しているものを貸すことで、以下のような被害にあうことがあります。

- ●口座に入っているお金を勝手に引き出されてしまう
- ●オレオレ詐欺・振り込め詐欺に自分の口座を使われる（詐欺事件が発覚した時に、犯人の名前がわからないようにするため）。

通帳や印鑑を貸す

③ 通帳を売る（ルールブック 33 頁）

通帳を売る場合、相手はオレオレ詐欺・振り込め詐欺の犯罪のためにその通帳を買い取ろうとしていることがほとんどです。通帳は売る目的でつくるものではないため、通帳を売ること自体が銀行に対する詐欺罪にあたることがあります。

通帳を売る

④ パスワードを教える（ルールブック 33 頁）

パスワードが設定されているものは、そのパスワードを入力することで、買い物をしたり、お金をひき出せるものがほとんどです。また、住所等の重要なことを変更できます。パスワードを教えることで、以下のような被害にあうことがあります。

- ●なりすましの被害を受ける
- ●勝手に自分の名義での契約や注文をされてお金を請求される

パスワードを教える

⑤ 携帯電話・スマートフォンを契約して、他の人に売る（ルールブック 33 頁右下）

携帯電話・スマートフォン等を契約して他の人に売る場合、相手はオレオレ詐欺・振り込め詐欺やヤミ金（違法にお金を貸している）等で、人を騙したり、人に不当なお金を請求するための連絡手段として使う可能性がとても高いです（詐欺に使われている電話とわかった時に、電話番号から電話をかけている人が特定されないようにするため）。その場合、契約した本人も以下のようなトラブルに巻き込まれることがあります。

携帯電話をつくって売る

- ●契約した携帯が使われた詐欺事件の共犯とされる
- ●詐欺罪に問われる（お店は人に売る目的で携帯電話をつくることを認めていないため）
- ●機種の代金自体を自分に請求される
- ●かかった電話料金を自分に請求される

ワーク
自分の情報は他の人に渡さない❶

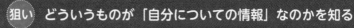

狙い　どういうものが「自分についての情報」なのかを知る

今日は「自分についての情報」を他人に渡してはいけないということを勉強します。

ワーク❶

「自分についての情報」には、個人情報、自分のお金を管理しているもの、自分の身分を証明するものがあります。個人情報には、どんなものがありますか。

想定される回答

・生年月日　・住所、電話番号　・パスワード　・暗証番号　・マイナンバー

※パスワードや暗証番号等、個人情報を人に教えてしまうことを防ぐワークは、本書 214 頁を参照。

ワーク❷

お金の支払いや引き出しに使うものには、どんなものがありますか。

想定される回答

・キャッシュカード　・クレジットカード　・通帳・印鑑　・電子決済サービス（paypay 等）
・コンビニのカード（nanaco 等）　・交通系 IC カード　・デビットカード

※キャッシュカード等お金を管理しているものを人に渡してしまうことを防ぐワークは、本書 212 頁を参照

ワーク❸

自分の身分を証明するものには、どんなものがありますか。

想定される回答

・免許証　・保険証　・障害者手帳（療育手帳等）　・社員証　・年金手帳　・住民票
・パスポート　・戸籍　・マイナンバーカード

※自分の身分を示すものを人に渡してしまうことを防ぐワークは、本書 230 頁を参照

ワーク ❹

その他、自分の情報や友だちの情報等が入っているものにはどんなものがありますか。

想定される回答

・携帯電話　・スマートフォン　・タブレット　・パソコン

ワーク ❺

ワーク❶〜❹であげた「自分についての情報」や自分や友だちの情報で、あなたが持っているものに○をつけましょう。

※ワークシートに丸をつけて確認して下さい。

「自分についての情報」はとても大切なものです。これを人に貸したり、渡したりしてしまうと、自分の名前で勝手に物を買われたり、勝手にお金を下ろされたり、犯罪に巻き込まれたりします。自分の通帳や携帯電話が犯罪に使われ、人をだますことに協力することになってしまいます。
「自分についての情報」は、人に頼まれたりしても、貸したり売ったり、教えたりしてはいけません。親しい友だちであっても教えてはいけません。

今日は「自分についての情報」を他人に渡してはいけないということを勉強しました。今日のワークを忘れないようにしましょう。

自分の情報は他の人に渡さない❷

> **狙い** どういうものが「自分の身分を示すもの」なのかを知る
> 「自分の身分を示すもの」を貸してほしいと頼まれた場合の断り方を考える

今日は「自分の身分を示すもの」を他人に渡してはいけないということを勉強します。

ワーク ❶　自分の保険証を友だちに渡すとどういうことが起こりますか。

想定される回答

・その保険証を使ってお金を借りられてしまう　・自分の名前で契約をされてしまう

　お金を借りる時には、借りるのがどのような人かを確認されます。自分の保険証を他人に貸すと、あなたの名前でお金を借りるためのカードをつくられて、勝手にお金を借りられてしまうことがあります。あなたの保険証で借りたお金になるので、お金はあなたが返さなければならないことになります。

ワーク ❷　友だちから「一緒に遊ぶための会員証をつくっておくから保険証を貸して」と言われたら何と返事をしますか。

想定される回答

・きっぱり断る

・切り返す：「なんでそんなこと言うの」

・話をそらす：「そんなことより昨日のドラマ見た？」

・別の提案をする：「一緒につくりに行きますよ」「自分で作ってきますよ」

・気持ちを伝える：「そんなこと言われると困るよ」

・理由を伝える：「人に貸してはだめな物だから貸せません」

・その場ではわかったと言って、信頼できる人（46 頁）に相談する

・逃げる。その場を離れる

※「断る」という答えが出た場合は、「何と言って断りましょうか」と具体的な答えを聞いてみましょう。

※「関係が悪化するから言えない」という回答が出た場合は、関係が悪化したら困るか、何が困るか、他の人間関係をつくるのはどうか、等を話し合ってみましょう。

※ここは、「友だち」の部分について「彼氏（彼女）」「お世話になっている先輩」等、いろいろなパターンで聞いてみて下さい。

ステップアップ　その答えが実際にできるかどうか、練習してみましょう。私を友だちだと思ってやってみて下さい。

※はっきり断れるかどうか、何度も頼まれても断れるかどうか、等のパターンで実際のやりとりをやってみましょう。

ワーク ❸

断っても何度も頼まれてしまい、断れずに保険証を渡してしまったら、どうしますか？

想定される回答

・信頼できる人（ルールブック 46 頁）に相談する　・再発行等の手続きをする
・警察に相談する

保険証を貸してしまった場合は、必ず信頼できる人に相談しましょう。

ワーク ❹

保険証の他に「自分の身分を示すもの」はどんなものがありますか？

想定される回答

・免許証　・保険証　・障害者手帳（療育手帳等）　・社員証　・年金手帳　・住民票
・パスポート　・戸籍　・マイナンバーカード

※答えが出なくても、本人が持っていそうなものについては、確認をして下さい。

「自分の身分を示すもの」は、人に貸したり、売ったり、渡したりしてはいけません。

「自分の身分を示すもの」を貸してほしいと言われることがあったら、今日のワークを思い出しましょう。

ワーク

通帳や印鑑を貸す

狙い

通帳や印鑑を貸したり売ったりすることで犯罪の共犯と疑われたり、犯罪に巻き込まれることがあることを知る
通帳や印鑑を貸してほしいと頼まれた時の断り方を考える

今日は、人に貸したり渡したりしてはいけないものについて勉強します。

ワーク❶ 自分の通帳や印鑑を友だちに渡すとどうなりますか。

想定される回答

・勝手にお金を引き出されてしまう ・悪いことに通帳を使われる

通帳を友だちに渡すと、勝手にお金を引き出されることがあります。それだけではなく、悪いことをしたお金を入れるために使われることがあります。その結果自分も共犯と疑われたり、犯罪に巻き込まれることがあります。

ワーク❷ 友だちから「通帳や印鑑を貸してくれ」と頼まれたら何と言いますか。

想定される回答

・きっぱり断る

・切り返す：「なんでそんなこというのか」

・話をそらす：「そんなことより昨日のドラマ見た？」

・気持ちを伝える：「そんなこと言われると困るよ」

・理由を伝える：「自分しか使えないものだから、だめです」

・その場ではわかったと言って、信頼できる人（46頁）に相談する

・逃げる。その場を離れる

※「断る」という答えが出た場合は、「何と言って断りましょうか」と具体的な答えを聞いてみましょう。

※「関係が悪化するから言えない」という回答が出た場合は、関係が悪化したら困るか、何が困るか、他の人間関係をつくるのはどうか、等を話し合ってみましょう。

※ここは、「友だち」の部分について「彼氏（彼女）」「お世話になっている先輩」等、いろいろなパターンで聞いてみて下さい。

第2章 気をつけたいこと

その答えが実際にできるかどうか、練習してみましょう。私を友だちだと思ってやってみて下さい。

※はっきり断れるかどうか、何度も頼まれても断れるかどうか、等のパターンで実際のやりとりをやってみましょう。

ワーク ❸

断っても何度も頼まれてしまい、断れずに通帳や印鑑を渡してしまったら、どうしますか？

想定される回答

・信頼できる人（ルールブック46頁）に相談する
・銀行に止めてもらうように連絡をし、再発行の手続きをとる
・警察に相談する

通帳や印鑑を貸してしまった場合は、必ず信頼できる人に相談しましょう。

ワーク ❹

通帳や印鑑の他に「お金を管理しているもの」はどんなものがありますか？

想定される回答

・キャッシュカード　・クレジットカード　・電子決済サービス（paypay 等）
・コンビニのカード（nanaco 等）　・交通系 IC カード　・デビットカード

※答えが出なくても、本人が持っていそうなものについては、確認をして下さい。

この「お金を管理しているもの」は、人に貸したり、売ったり、渡したりしてはいけません。

もし、通帳や印鑑を貸してほしいと言われることがあったら、今日のワークを思い出しましょう。

パスワードを教える

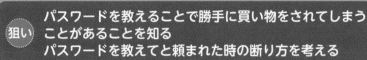

狙い　パスワードを教えることで勝手に買い物をされてしまう
ことがあることを知る
パスワードを教えてと頼まれた時の断り方を考える

今日は、人に教えてはいけない「自分についての情報」について勉強します。

ワーク ❶
友だちに「買い物サイトのアカウントとパスワードを教えて」と言われ、教えてしまったらどうなりますか。

想定される回答

・勝手に買い物されてしまう

友だちに教えた買い物サイトのアカウントとパスワードで、友だちが買い物をした場合、商品は相手のところに行きますが、お金は自分が払うことになります。

ワーク ❷
友だちから「アカウントやパスワードを教えて」と頼まれたら何と言いますか。

想定される回答

・きっぱり断る

・切り返す：「なんでそんなこと言うのか」

・話をそらす：「そんなことより昨日のドラマ見た？」

・気持ちを伝える：「そんなこと言われると困るよ」

・理由を伝える：「自分しか使えないものだから、だめです」

・その場ではわかったと言って、信頼できる人（ルールブック 46 頁）に相談する。

・逃げる。その場を離れる

※「断る」という答えが出た場合は、「何と言って断りましょうか」と具体的な答えを聞いてみましょう。

※「関係が悪化するから言えない」という回答が出た場合は、関係が悪化したら困るか、何が困るか、他の人間関係をつくるのはどうか、等を話し合ってみましょう。

※ここは、「友だち」の部分について「彼氏（彼女）」「お世話になっている先輩」等、いろいろなパターンで聞いてみて下さい。

第2章｜気をつけたいこと

その答えが実際にできるかどうか、練習してみましょう。私を友だちだと思ってやってみて下さい。

※はっきり断れるかどうか、何度も頼まれても断れるかどうか、等のパターンで実際のやりとりをやってみましょう。

ワーク ❸

断っても何度も頼まれてしまい、断れずにアカウントやパスワードを教えてしまったら、どうしますか？

想定される回答

・信頼できる人（ルールブック 46 頁）に相談する　・パスワードを変える　・アカウントを削除する

アカウントやパスワードを教えてしまった場合は、必ず信頼できる人に相談しましょう。勝手に買い物をされてしまった場合は、警察に相談してもいいかもしれません。

ワーク ❹

買い物サイトのような、アカウントやパスワードはどのようなものがありますか。

想定される回答

・SNS（Facebook、ツイッター、ブログ）　・クレジットカード、キャッシュカード
・ゲームサイト　・ネットバンクのアカウント　等

アカウントやパスワードは、人に教えたりしてはいけません。

もし、アカウントやパスワードを教えてほしいと言われることがあったら、今日のワークを思い出しましょう。

ワーク

通帳を売る

狙い 通帳を売ることで犯罪の共犯と疑われたり、犯罪に巻き込まれることがあることを知る
通帳を売ってくれと頼まれた時の断り方を考える

今日は、人に貸したり渡したりしてはいけないものについて勉強します。

ワーク ❶

友だちから「通帳をつくってきてくれたら、お金を払う」と頼まれました。お願い通りにしたらどうなりますか。

想定される回答

・悪いことに通帳を使われる

　通帳を人に売ると、犯罪に悪用されることがあります。例えば、詐欺のお金の振込先にされて、自分も共犯と疑われたり、犯罪に巻き込まれることがあります。
　最初から売るつもりで通帳をつくったりすると、銀行をだましたことになって、捕まることがあります。銀行は人に売るために通帳をつくることはないからです。

ワーク ❷

友だちから「通帳をつくってきて売ってほしい」と頼まれたら何と言いますか。

想定される回答

・きっぱり断る
・切り返す：「なんでそんなこと言うのか」
・話をそらす：「そんなことより昨日のドラマ見た？」
・別の提案をする：「自分でつくって下さい」
・気持ちを伝える：「そんなこと言われると困るよ」
・理由を伝える：「自分のものしかつくってはいけないから、だめです」
・その場ではわかったと言って、信頼できる人（ルールブック 46 頁）に相談する
・逃げる。その場を離れる

※「断る」という答えが出た場合は、「何と言って断りましょうか」と具体的な答えを聞いてみましょう。
※「関係が悪化するから言えない」という回答が出た場合は、関係が悪化したら困るか、何が困るか、他の人間関

係をつくるのはどうか、等を話し合ってみましょう。

※ここは、「友だち」の部分について「彼氏（彼女）」「お世話になっている先輩」等、いろいろなパターンで聞いてみて下さい。

 その答えが実際にできるかどうか、練習してみましょう。私を友だちだと思ってやってみて下さい。

※はっきり断れるかどうか、何度も頼まれても断れるかどうか、等のパターンで実際のやりとりをやってみましょう。

ワーク❸ 断っても何度も頼まれてしまい、断れずに通帳をつくって渡してしまったら、どうしますか？

想定される回答

・信頼できる人（ルールブック46頁）に相談する　・弁護士に相談する

通帳をつくって渡してしまった場合は、必ず信頼できる人に相談しましょう。

通帳を売ってほしいと頼まれることがあったら、今日のワークを思い出しましょう。

ワーク

携帯電話をつくって売る

狙い 携帯電話をつくって売ることで犯罪の共犯と疑われたり、犯罪に巻き込まれることがあることを知る
携帯電話をつくって売ってくれと頼まれた時の断り方を考える

今日は、人に貸したり渡したりしてはいけないものについて勉強します。

ワーク ❶ 　友だちから「スマホの契約ができなくて困っている。スマホを契約してきてくれたら、3,000円払う」と頼まれました。お願い通りにしたらどうなりますか。

想定される回答

・悪いことにスマホを使われる

・スマホの費用を自分が払わないといけなくなる

　スマホを契約して売ると、犯罪に悪用されることがあります。例えば、そのスマホが詐欺の電話をかけることや、違法薬物の売買のために使われたりして、スマホをつくった自分も共犯と疑われたり、犯罪に巻き込まれることがあります。

　最初から売るつもりでスマホの契約をしたら、お店に対する詐欺になることがあります。お店は人に売るためにスマホをつくることはないからです。

第2章 気をつけたいこと

ワーク ❷

友だちから「スマホを契約してきて売ってほしい」と頼まれたら何と言いますか。

想定される回答

・きっぱり断る

・切り返す：「なんでそんなこと言うのか」

・話をそらす：「そんなことより昨日のドラマ見た？」

・別の提案をする：「自分でつくって下さい」

・気持ちを伝える：「そんなこと言われると困るよ」

・理由を伝える：「自分しか使えないものだから、だめです」

・その場ではわかったと言って、信頼できる人（ルールブック 46 頁）に相談する

・逃げる。その場を離れる

※「断る」という答えが出た場合は、「何と言って断りましょうか」と具体的な答えを聞いてみましょう。

※「関係が悪化するから言えない」という回答が出た場合は、関係が悪化したら困るか、何が困るか、他の人間関係をつくるのはどうか、等を話し合ってみましょう。

※ここは、「友だち」の部分について「彼氏（彼女）」「お世話になっている先輩」等、いろいろなパターンで聞いてみて下さい。

その答えが実際にできるかどうか、練習してみましょう。私を友だちだと思ってやってみて下さい。

※はっきり断れるかどうか、何度も頼まれても断れるかどうか、等のパターンで実際のやりとりをやってみましょう。

ワーク ❸

断っても何度も頼まれてしまい、断れずにスマホをつくって渡してしまったら、どうしますか？

想定される回答

・信頼できる人（ルールブック 46 頁）に相談する　・弁護士に相談する

携帯電話をつくって渡してしまった場合は、必ず信頼できる人に相談しましょう。

もし、携帯電話を契約して売ってほしいと頼まれることがあったら、今日のワークを思い出しましょう。

知的障がい、発達障がいについて
【健康ライブラリーイラスト版】
- 『知的障害のことがよくわかる本』（講談社、2007）
- 『アスペルガー症候群（高機能自閉症）のすべてがわかる本』（講談社、2007）
- 『AD/HD（注意欠陥／多動性障害）のすべてがわかる本』（講談社、2006）
- 『自閉症のすべてがわかる本』（講談社、2006）
  障がいのある人たちには、世界がどう見えているか、何が苦手で何が得意なのか。障がいの基礎知識について、イラストを使ってわかりやすくまとめられた入門書。
- 宮口幸治『ケーキの切れない非行少年たち』（新潮社、2019）
  ケーキを半分に切れない非行少年たち。彼らの実態を通して犯罪の背景にある歪んだ世界の見え方、"自分の当たり前"との違いについて、具体的に知ることができる。
- 坂爪真吾『障がいのある人の性－支援ガイドブック』（中央法規、2017）
  「障がいのある人たちの性を理解し、その自立を支援していくためのガイドライン」豊富なケーススタディも収録されている。

個別の犯罪行動について
- 原田隆之『痴漢外来〜性犯罪と闘う科学』（筑摩書房、2019）
- 斎藤章佳『万引き依存症』（株式会社イースト・プレス、2018）
  万引きや痴漢を止められないことについて、治療が必要な状態ととらえ、その背景や、なぜ止められないのか、どうすれば止められるのかなどについて書かれた本。

3 自転車はルールを守って乗りましょう

(ルールブック 34 ～ 35 頁)

目 的

● 自転車を運転する場合に最低限守らなければいけないルールを学ぶ

支援者に知ってほしいこと

● 自転車は法律上、車と同じ扱いであること
● 道路交通法の改正で自転車の運転についても罰則が強化されていること
● 自転車事故に備える自転車保険が整備されており、事故に備えて加入して
　おくことが必要であること

○自転車はルールを守って乗りましょう (ルールブック 34 ～ 35 頁) ⋯⋯●

　自転車を運転するにあたっては、多くの
ルールがあります。近年、自転車事故が社
会問題化したことから、罰則も強化されて
います。

　飲酒運転、信号無視、一時不停止、無灯火、
2人乗り、並走、傘差し運転やイヤホンで音楽を聴きながらの運転、スマホの操作をしな
がらの運転等は、道路交通法や各都道府県の決まりで禁止されています。

　また、自転車に乗っていて歩行者と衝突した場合、相手に大きな怪我を負わせてしまっ
たり、命を奪ってしまうこともあります。このような場合、数百万円から数千万円の賠償
をしなければならないこともあります。事前に自転車保険等に加入しておくことが重要で
す。

※自転車のルールは変わっていきます。最新の法改正を確認して、伝えるようにしましょう。
　警察庁 HP：「自転車は車のなかま～自転車はルールを守って安全運転」https://www.npa.go.jp/
　bureau/traffic/bicycle/info.html　等で最新の情報がわかります。
※都道府県によっては、自転車安全教室を実施しているところもあります。検索してみて下さい。

イヤホンで音楽等を聞きながら走行

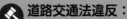 **道路交通法違反：**
3 か月以下の懲役または 5 万円以下の罰金

狙い 自転車のルール、安全な乗り方を学ぶ

今日は自転車はルールを守って乗らなければいけないということを勉強します。

ワーク ❶

イヤホンで音楽等を聞きながら自転車に乗ると、どういうことが起こりますか。

想定される回答

・車にひかれる　・自分がケガをする　・歩いている人にぶつかる　・人にケガをさせる
・お店にぶつかってガラス等を壊してしまう　・警察につかまる　・ぶつかって自転車が壊れる

　イヤホンで音楽等を聞きながら自転車に乗ることは、道路交通法や都道府県の条例で禁止されています。イヤホンで音楽等を聞くと、周りの音が聞こえにくくなり、事故が起きる可能性が高くなるからです。
　事故が起きると、自分がケガをしたり死んでしまうことがあります。また、自分の自転車が壊れたらお金を出して、買い直さなければならなくなります。
　それだけではなく、他の人にケガをさせてしまったり、他の人の自転車や持ち物を壊してしまうこともあります。人にケガをさせてしまった場合は過失傷害罪等の犯罪になることもあります。相手の治療費や壊したものの弁償や、慰謝料（謝罪のお金）を払わなければなりません。たくさんのお金がかかります。

ワーク ❷

自転車に乗っている時に音楽等を聞かないようにするためには、どうしたらいいでしょうか。

想定される回答

・イヤホンをカバンにしまっておく　・家に帰ってから聞く
・自転車に乗る日はイヤホンを持って行かない

イヤホンで音楽等を聞きながら自転車に乗るのと同じように、事故をしてしまうような危険な乗り方にはどういう乗り方がありますか。

想定される回答

・2人乗り　・スマホをさわりながら乗る　・お酒を飲んで乗る　・無灯火

・傘さし運転　・右側を走る　・よそみ、わきみ運転　・2台以上で横に並んで走る

・飲みながら、食べながら乗る　・片手運転、手放し運転

　自転車は車と同じように、人にケガをさせてしまうかもしれない危険な乗り物です。必ずルールを守って乗りましょう。また、ルールを守って、気をつけて乗っていても事故が起きてしまうことはあります。ケガをさせてしまった時や、人の物を壊してしまった時のために、自転車保険に入っておきましょう。

傘さし運転

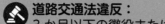

⚖ **道路交通法違反：**
3 か月以下の懲役または 5 万円以下の罰金

狙い　**自転車のルール、安全な乗り方を学ぶ**

> 今日は自転車はルールを守って乗らなければいけないということを勉強します。

ワーク ❶　傘をさしながら自転車に乗ると、どういうことが起こりますか。

想定される回答

・車にひかれる　・自分がケガをする　・歩いている人にぶつかる　・人にケガをさせる
・お店にぶつかってガラス等を壊してしまう　・警察につかまる　・ぶつかって自転車が壊れる

> 　傘をさしながら自転車に乗ることは、道路交通法や都道府県の条例で禁止されています。傘をさしながら自転車にのると、バランスを崩しやすくなったり、停車が遅れたりして、事故が起きる可能性が高くなるからです。
> 　事故が起きると、自分がケガをしたり死んでしまうことがあります。また、自分の自転車が壊れたらお金を出して、買い直さなければならなくなります。
> 　それだけではなく、他の人にケガをさせてしまったり、他の人の自転車や持ち物を壊してしまうこともあります。人にケガをさせてしまった場合は過失傷害罪等の犯罪になることもあります。相手の治療費や壊したものの弁償や、慰謝料（謝罪のお金）を払わなければなりません。たくさんのお金がかかります。

ワーク ❷　自転車に乗っている時に傘をささないようにするためには、どうしたらいいでしょうか。

想定される回答

・自転車用のレインコートを準備しておく
・雨が降った時は自転車に乗らず、バスや電車等に乗る

第2章　気をつけたいこと

ワーク ③

傘をさしながら自転車に乗るのと同じように、事故をしてしまうような危険な乗り方にはどういう乗り方がありますか。

想定される回答

・2人乗り　・イヤホンで音楽を聞きながら乗る　・お酒を飲んで乗る　・無灯火

・スマホをさわりながら乗る　・右側を走る　・よそみ、わきみ運転　・2台以上横並びで走る

・飲みながら、食べながら乗る　・片手運転、手放し運転

　自転車は車と同じように、人にケガをさせてしまうかもしれない危険な乗り物です。必ずルールを守って乗りましょう。また、ルールを守って、気をつけて乗っていても事故が起きてしまうことはあります。ケガをさせてしまった時や、人の物を壊してしまった時のために、自転車保険に入っておきましょう。

ワーク
スマホをさわりながら走行

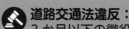 **道路交通法違反：**
3か月以下の懲役または5万円以下の罰金

狙い　自転車のルール、安全な乗り方を学ぶ

今日は自転車はルールを守って乗らなければいけないということを勉強します。

ワーク ❶　スマホをさわりながら自転車に乗ると、どういうことが起こりますか。

想定される回答

・車にひかれる　・自分がケガをする　・歩いている人にぶつかる　・人にケガをさせる

・お店にぶつかってガラス等を壊してしまう　・警察につかまる　・ぶつかって自転車が壊れる

　スマホをさわりながら自転車に乗ることは、道路交通法や都道府県の条例で禁止されています。スマホをさわっていると、周りの人や物が目に入りにくくなり、事故が起きる可能性が高くなるからです。

　事故が起きると、自分がケガをしたり死んでしまうことがあります。また、自分の自転車が壊れたらお金を出して、買い直さなければならなくなります。

　それだけではなく、他の人にケガをさせてしまったり、他の人の自転車や持ち物を壊してしまうこともあります。人にケガをさせてしまった場合は過失傷害罪等の犯罪になることもあります。相手の治療費や壊したものの弁償や、慰謝料（謝罪のお金）を払わなければなりません。たくさんのお金がかかります。

ワーク ❷　自転車に乗っている時にスマホをさわらないようにするためには、どうしたらいいでしょうか。

想定される回答

・カバンの奥に入れておく

・音がならないようにしておく

・自転車をとめて、安全を確認した上で、スマホを使う

ワーク ❸

スマホをさわりながら自転車に乗るのと同じように、事故をしてしまうような危険な乗り方にはどういう乗り方がありますか。

想定される回答

・2人乗り　・イヤホンで音楽を聞きながら乗る　・お酒を飲んで乗る　・無灯火

・傘さし運転　・右側を走る　・よそみ、わきみ運転　・2台以上横並びで走る

・飲みながら、食べながら乗る　・片手運転、手放し運転

　自転車は車と同じように、人にケガをさせてしまうかもしれない危険な乗り物です。必ずルールを守って乗りましょう。また、ルールを守って、気をつけて乗っていても事故が起きてしまうことはあります。ケガをさせてしまった時や、人の物を壊してしまった時のために、自転車保険に入っておきましょう。

スマホをさわりながら走行

ワーク

無灯火で走る

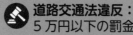 道路交通法違反：
5万円以下の罰金

狙い 自転車のルール、安全な乗り方を学ぶ

今日は自転車はルールを守って乗らなければいけないということを勉強します。

ワーク ❶ ライトをつけずに自転車に乗ると、どういうことが起こりますか。

想定される回答

・車にひかれる　・自分がケガをする　・歩いている人にぶつかる　・人にケガをさせる
・お店にぶつかってガラス等を壊してしまう　・警察につかまる　・ぶつかって自転車が壊れる

　ライトをつけずに自転車に乗ることは、道路交通法や都道府県の条例で禁止されています。ライトをつけずに自転車に乗ると、周りの歩行者や車から走っていることに気づいてもらいにくくなり、事故が起きる可能性が高くなるからです。

　事故が起きると、自分がケガをしたり死んでしまうことがあります。また、自分の自転車が壊れたらお金を出して、買い直さなければならなくなります。

　それだけではなく、他の人にケガをさせてしまったり、他の人の自転車や持ち物を壊してしまうこともあります。人にケガをさせてしまった場合は過失傷害罪等の犯罪になることもあります。相手の治療費や壊したものの弁償や、慰謝料（謝罪のお金）を払わなければなりません。たくさんのお金がかかります。

ワーク ❷ ライトをつけずに自転車に乗らないようにするために、どうしたらいいでしょうか。

想定される回答

・自動点灯ライトにする　・乗る前に確認する
・他の人がつけ始めたら、自分もつけるようにする

ワーク ❸

ライトをつけずに自転車に乗るのと同じように、事故をしてしまうような危険な乗り方にはどういう乗り方がありますか。

想定される回答

・２人乗り　・イヤホンで音楽を聞きながら乗る　・お酒を飲んで乗る　・スマホをさわりながら乗る

・傘さし運転　・右側を走る　・よそみ、わきみ運転　・２台以上横並びで走る

・飲みながら、食べながら乗る　・片手運転、手放し運転

　自転車は車と同じように、人にケガをさせてしまうかもしれない危険な乗り物です。必ずルールを守って乗りましょう。また、ルールを守って、気をつけて乗っていても事故が起きてしまうことはあります。ケガをさせてしまった時や、人の物を壊してしまった時のために、自転車保険に入っておきましょう。

無灯火で走る

ワーク
2人乗り

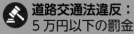 道路交通法違反：
5万円以下の罰金

狙い 自転車のルール、安全な乗り方を学ぶ

今日は自転車はルールを守って乗らなければいけないということを勉強します。

ワーク ❶　2人乗りで自転車に乗ると、どういうことが起こりますか。

想定される回答

・車にひかれる　・自分がケガをする　・歩いている人にぶつかる　・人にケガをさせる
・お店にぶつかってガラス等を壊してしまう　・警察につかまる　・ぶつかって自転車が壊れる

　2人乗りで自転車に乗ることは、道路交通法や都道府県の条例で禁止されています。2人乗りで自転車に乗っていると、ブレーキの効きが悪くなったり、バランスを崩したりしやすくなり、事故が起きる可能性が高くなるからです。
　事故が起きると、自分がケガをしたり死んでしまうことがあります。また、自分の自転車が壊れたらお金を出して、買い直さなければならなくなります。
　それだけではなく、他の人にケガをさせてしまったり、他の人の自転車や持ち物を壊してしまうこともあります。人にケガをさせてしまった場合は過失傷害罪等の犯罪になることもあります。相手の治療費や壊したものの弁償や、慰謝料（謝罪のお金）を払わなければなりません。たくさんのお金がかかります。

ワーク ❷　2人乗りで自転車に乗らないようにするために、どうしたらいいでしょうか。

想定される回答

・2台の自転車で走る　・押して歩く

第2章　気をつけたいこと

ワーク ❸

2人乗りで自転車に乗るのと同じように、事故をしてしまうような危険な乗り方にはどういう乗り方がありますか。

想定される回答

・無灯火　・イヤホンで音楽を聞きながら乗る　・お酒を飲んで乗る　・スマホをさわりながら乗る

・傘さし運転　・右側を走る　・よそみ、わきみ運転　・2台以上横並びで走る

・飲みながら、食べながら乗る　・片手運転、手放し運転

　自転車は車と同じように、人にケガをさせてしまうかもしれない危険な乗り物です。必ずルールを守って乗りましょう。また、ルールを守って、気をつけて乗っていても事故が起きてしまうことはあります。ケガをさせてしまった時や、人の物を壊してしまった時のために、自転車保険に入っておきましょう。

2人乗り

ワーク

お酒を飲んで乗る

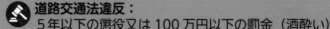

道路交通法違反：
5年以下の懲役又は100万円以下の罰金（酒酔い）

狙い 自転車のルール、安全な乗り方を学ぶ

今日は自転車はルールを守って乗らなければいけないということを勉強します。

ワーク ❶ お酒を飲んで自転車に乗ると、どういうことが起こりますか。

想定される回答

・車にひかれる　・自分がケガをする　・歩いている人にぶつかる　・人にケガをさせる
・お店にぶつかってガラス等を壊してしまう　・警察につかまる　・ぶつかって自転車が壊れる

　お酒を飲んで自転車に乗ることは、道路交通法や都道府県の条例で禁止されています。お酒を飲んで自転車に乗っていると、正しい判断ができなくなり、事故が起きる可能性が高くなるからです。
　事故が起きると、自分がケガをしたり死んでしまうことがあります。また、自分の自転車が壊れたらお金を出して、買い直さなければならなくなります。
　それだけではなく、他の人にケガをさせてしまったり、他の人の自転車や持ち物を壊してしまうこともあります。人にケガをさせてしまった場合は過失傷害罪等の犯罪になることもあります。相手の治療費や壊したものの弁償や、慰謝料（謝罪のお金）を払わなければなりません。たくさんのお金がかかります。

ワーク ❷ お酒を飲んで自転車に乗らないようにするために、どうしたらいいでしょうか。

想定される回答

・飲みに行く時は自転車で行かない　・押して歩く　・置いて帰る

第2章　気をつけたいこと

232

ワーク ❸

お酒を飲んで自転車に乗るのと同じように、事故を起こしてしまうような危険な乗り方にはどういう乗り方がありますか。

想定される回答

・無灯火　・イヤホンで音楽を聞きながら乗る　・2人乗り　・スマホをさわりながら乗る

・傘さし運転　・右側を走る　・よそみ、わきみ運転　・2台以上横並びで走る

・飲みながら、食べながら乗る　・片手運転、手放し運転

自転車は車と同じように、人にケガをさせてしまうかもしれない危険な乗り物です。必ずルールを守って乗りましょう。また、ルールを守って、気をつけて乗っていても事故が起きてしまうことはあります。ケガをさせてしまった時や、人の物を壊してしまった時のために、自転車保険に入っておきましょう。

わかっちゃいるけどやめられない人に効く対処法

　「暮らしのルールブック」を学ぶ人の中には、窃盗や暴力、性犯罪等をどうにかしてやめたいと思っていても、ついつい繰り返してしまっている人もいると思います。そういう人には次のようなアドバイスをしてみたらどうでしょうか。

　あなたが、盗みや暴力や痴漢等をしたいと考えても、そのために街をふらついても、相手の人を見つけて追いかけても、最終的に実際にしなければセーフです。あなたの悪い行動はどこでも止めることができます。止められれば犯罪にはなりません。

　そこで、問題行動を止める極意を伝授します。危ないと思ったら、次のうち自分が最もやりやすいことをしましょう。そのためにあらかじめ「心の停止ボタン」をつくっておきましょう。拳を握る、胸に手を置く、うなずく…等すぐにできる動作を 200 回くらい繰り返し練習して、いざという時に反射的にできるようにしておきましょう。その上で、

　1）ふ～と、長く息を吐く

　2）両手の拳をぎゅっと力を入れて握って5数える。そして手の平を開く。

　3）目をつぶる　耳を塞ぐ　口を押さえる

　等から自分がやりやすい方法を選んでしましょう。

　お店に入って品物に手を出しそうになったら、「心の停止ボタン」を押して、あなたが選んだ1）から3）までの動作を一つしましょう。そうすれば万引きはしないで済みます。

　憎たらしい奴を殴りたくなったら、「心の停止ボタン」を押して、あなたが選んだ1）から3）までの動作を一つしましょう。そうすれば殴らなくて済みます。

　電車の中でお尻にさわりたくなったら、「心の停止ボタン」を押して、あなたが選んだ1）から3）までの動作を一つしましょう。そうすればさわらなくて済みます。

※3）は、「見ざる聞かざる言わざる」のことです。無関心の勧めではなく処世の叡智です。実は多くの知的・発達症の人は無意識にこの「三猿」をして、自身の能力で処理不能に陥った時を乗り切っています。目をつぶり、耳を塞ぎ、う～と押し殺した声をあげている彼らの行動は「パニくっている」のではなく、処世の叡智だと思いませんか。　（平井 威）

4 人から誘われたときは気をつけよう
（ルールブック 36 ～ 37 頁）

目 的

- 人からの誘いに安易にのることで、思わぬ被害にあうことを知る
- 人から誘われた時、声を掛けられた時にどう断ったらよいかを考える
- SNS 等の安全な使い方を考える

支援者に知ってほしいこと

- SNS 等の普及によって見知らぬ人と簡単につながったり、知り合うことができるようになった。これらの人と会って誘いに乗ったことによる被害が増えている
- 路上での勧誘や訪問販売で契約してしまった場合でも、法律上は取り消せる可能性がある。各都道府県に設置された消費生活センターや専門家に相談することで対応してもらえる
- 路上での勧誘や訪問販売では相手と会話をしてしまうと断りにくくなり、購入してしまうことが多い。声をかけられたら無視するのがよいこと
- 被害が発覚した際に叱責すると、相談できなくなるため、相談できたことを喜ぶことで被害の拡大を防ぐことができること

① 「ドライブに行かない？」と誘われた （ルールブック 36 頁）

　車は閉鎖的な空間のため、性犯罪等の被害に遭いやすい場所の一つです。安易に知らない人や、親しくない人の車に乗ることで、性犯罪等の被害にあう危険があります。また、別の場所へと連れて行かれてしまうリスクもあります。

② インターネットで知り合った人と会う （ルールブック 36 頁）

　SNS 等の普及によって見知らぬ人と簡単に知り合うことができるようになりました。このような人と会うと、以下のようなトラブルに巻き込まれることがあります。

　●女性とデートするつもりで待合せ場所に行ったら、彼氏と称する男性がいて、交際相手に手を出した等

の理由でお金を払うように脅される（美人局）

●性的な被害にあう

　現在の SNS 等の普及率の中で、こうしたツールをきっかけとした人間関係を完全に持たないようにすることは困難です。そのため、SNS 等を利用する時の対策として、以下のような対策を一緒に考える必要があります。

●安全に会うための方法を工夫する

●危険そうであればすぐ相談できるようにしておく

③「この化粧品、使ってみませんか」と声をかけられた（ルールブック 37 頁）……●

　「キャッチセールス商法」と呼ばれるタイプの勧誘です。試供品を渡される、アンケート協力を求められる、絵画の展示会に誘われるといった方法で建物に誘導され、最終的に高額商品等を買う契約をするまでは建物から出られないこともあります。

　キャッチセールスの被害にあわないためには、以下のようなことが重要です。

●最初の勧誘段階できっぱりと断る。

●契約（署名）をしてしまった場合も、すぐにお金を払わない。

●できるだけ早く弁護士や消費生活センターに相談する。

　断ることができず、契約をしてしまったり、お金を払ってしまった場合でも、クーリング・オフ等の手続きでお金を取り戻すことができる場合もあるため、まずは相談をすることが重要です。

※クーリング・オフ：契約書を受けとってから 8 日以内であれば、理由を問わず契約を取り消すことができる制度。8 日を過ぎてしまった場合でも、取り消しができることもある。

④「タレントになりませんか」と声をかけられた（ルールブック 37 頁）……●

　「タレントにする」というスカウト等についていくことで以下のような被害にあうことがあります。

●アダルト動画の撮影を強要される

●レッスン料等と称して高い金銭を支払わされる

　スカウト等の勧誘や、デートの誘い、条件の良すぎるバイト等、何らかの「うまい話」は被害を受ける可能性がとても高いです。途中で断ろうとした場合、「契約違反になるから高額なお金を払ってもらわなければならない」「学校・会社に報告する」「警察に通報する」等と脅されることもあるようです。

　スカウト、勧誘等の被害にあわないためには、以下のようなことが重要です。

●最初のスカウト・勧誘段階できっぱりと断る。

●契約（署名）をしてしまった場合も、すぐにお金を払わない。

●できるだけ早く弁護士や消費生活センター、警察等に相談する。

⑤「すてきな教材があるんです」と訪問された (ルールブック 37頁) ⋯⋯●

「訪問販売」といわれるタイプの勧誘です。家を訪問した販売員が、購入するまで帰らず、高額な商品、継続的な教材の契約等をさせられてしまうことがあります。

はじめから詐欺を目的とした以下のようなものもあります。

●「家の修理が必要です」とウソをつき不要な費用をとる

●「点検に来ました」とウソをつき最終的に高額な契約を結ばせる（点検商法）

●公的機関（消防署・市役所・水道局）の職員や警察等になりすまして商品を売りつける（かたり商法）

訪問販売の被害にあわないためには、以下のようなことが重要です。

●玄関のドアをあけず、最初の勧誘段階できっぱりと断る。

●販売員や点検をするというお客さんが来たら信頼できる人に確かめてもらう

●契約（署名）をしてしまった場合も、すぐにお金を払わない。

●できるだけ早く弁護士や消費生活センターに相談する。

断ることができずに、契約をしてしまったり、お金を払ってしまった場合でも、クーリング・オフ等の手続きでお金を取り戻すことができる場合もあるため、まずは相談をすることが重要です。

※クーリング・オフ：契約書を受けとってから8日以内であれば、理由を問わず契約を取り消すことができる制度。8日を過ぎてしまった場合でも、取り消しができることもある。

※「キャッチセールス商法」「訪問販売」に関しては、様々な方法が出てきます。国民生活センターのホームページ等を参照の上、最新の手口を紹介することも被害防止に有効です。

「ドライブ行かない?」

狙い　知らない人や親しくない人の車に乗ると危険な目にあう
可能性があることを知る
声をかけられた時の断り方を考える

今日は人から誘われた時は気をつけなければならないということを勉強します。

ワーク ❶

街を歩いている時に、「ドライブ行かない?」と誘われました。車に乗ると、どういうことが起こりますか。

想定される回答

・知らないところに連れて行かれる　・襲われる　・お金を取られる

※楽しい答え（海に連れて行ってくれる、食事をごちそうしてもらえる等）が返って来たら、「他の可能性はないですか?」「危ないことはないですか?」と聞いてみてください。

　人の車に乗って出かけると、帰りたいと言っても帰らせてもらえなかったり、性的な被害にあったり、お金を取られたりする等、思いもよらない危険な目にあうことがあります。

ワーク ❷

街を歩いていて「ドライブ行かない?」と誘われた場合はどう対応しますか?

想定される回答

・無視する　・断る　・逃げる（その場を離れる）

　声をかけられた時に返事をして、会話をしてしまうと、誘いを断りにくくなります。返事をせず、離れるようにしましょう。
　もし断りきれなくて、怖い思いをしたら、すぐに警察や信頼できる人に電話かメールをして、助けを求めましょう。

※「無視するのは失礼ではないか」と言われた場合、「道で突然声をかけてくる人は、無視されることをわかって声をかけているから、失礼にはあたりません」と説明して下さい。

話しかけられた時の対応が実際にできるかどうか、練習してみましょう。私から声をかけてみるのでやってみて下さい。

※完全に無視できるかどうか、何度も声をかけられても無視できるかどうか、等のパターンで実際のやりとりをやってみましょう。

　今日は人から誘われた時は気をつけなければならないということを勉強しました。初めて会った人にドライブに誘われたりしたら、今日のワークを思い出しましょう。

ワーク

インターネットで知り合った人と会う時

狙い インターネットで知り合った人と会う時には危険な目にあう可能性があることを知る
インターネットで知り合った人と会う場合の断り方を考える

今日はインターネットで知り合った人と会う時には気をつけなければいけないということを勉強します。

ワーク ❶　インターネットで知り合った人と会うのはどういう時ですか。

想定される回答

・デート　・オフ会　・買った商品を渡す　・ゲームをする　等

ワーク ❷　インターネットで知り合った人と初めて会うことになった場合、どういうことが起こる可能性がありますか。

想定される回答

・知らないところに連れて行かれる
・デートのつもりで行ったら、相手が複数で来て、怖い目に合う。
・襲われる　・高いものを買わされたり、お金をとられる
・女性と会うつもりで行ったら、彼氏が出てきて脅される

※楽しい答え（海に連れて行ってくれる、食事をごちそうしてもらえる等）が返って来たら、「他の可能性はないですか？」「危ないことはないですか？」と聞いてみて下さい。

インターネットで知り合って初めて会った人等、あまり知らない人と会うと、帰りたいと言っても帰らせてもらえなかったり、性的な被害にあったり、お金を取られたりする等、思いもよらない危険な目にあうことがあります。

　　　インターネットで知り合った人と初めて会うことになった場合はどう対応しますか？

想定される回答

・会わないようにする

・会う場合は、友だちを連れて行き、2人きりにならないようにする

・会う場所は、人目があるカフェ等で会うようにする

・会う前に職員や家族に伝えておく（「帰ってきたら連絡をするから、何時までに帰って来なかったら警察に電話して下さい」と頼んでおく等）

・契約等の話になっても、サインをしたりハンコを押したりしない

　インターネットで知り合った人と会うことになったら、相手の人はどういう人かわからないので気をつけなければいけません。どうしても会いたいという時は、2人きりにならない場所で会うようにする等、対応しましょう。

　もし怖い思いをしたら、すぐに警察か信頼できる人に電話やメールをして、助けを求めるようにしましょう。

　今日はインターネットで知り合った人と会う時には気をつけなければいけないということを勉強しました。オフ会に行くことなど、インターネットで知り合った人と会うことがだめということではありません。安全に会えるようにすることが大切です。インターネットで知り合った人と会う時には、今日のワークを思い出しましょう。

ワーク

「この化粧品、使ってみませんか」

 街で声をかけられるキャッチセールスの危険性を知る
狙い 声をかけられた時の断り方を考える

今日は街で声をかけられた時は気をつけなければいけないということを勉強します。

ワーク① 街を歩いている時に「この化粧品、使ってみませんか。お店に来てもらえれば、無料で試していただけます」と声をかけられてついて行くと、どういうことが起こりますか。

想定される回答

・高い化粧品を買わされる　・お金を払うまで帰らせてもらえない

街を歩いている時に、「化粧品を使ってみませんか」や、「アンケートに答えてもらえませんか」等と声をかけられることがあります。ついて行くと、部屋に通されて高いものを売りつけられたり、契約をさせられることがあります。一度、部屋に入ってしまうと、なかなか帰らせてもらえません。

ワーク② 声をかけられた場合はどう対応しますか？

想定される回答

・無視する　・断る　・逃げる（その場を離れる）

声をかけられた時に返事をして、会話をしてしまうと、断りにくくなります。返事をせず、離れるようにしましょう。

※「無視するのは失礼ではないか」と言われた場合、「道で突然声をかけてくる人は、無視されることをわかって声をかけているから、失礼にはあたりません」と説明をする。

話しかけられた時の対応が実際にできるかどうか、練習してみましょう。私から声をかけてみるのでやってみて下さい。

※はっきり断れるかどうか、何度断っても離れない時にどうするか、等のパターンで実際のやりとりをやってみましょう。

ワーク ❸ 　断りきれなくて、買ってしまったら、どうしますか？

想定される回答

・信頼できる人（ルールブック 46 頁）に相談する　・弁護士、消費生活センターに相談する

　もし、断りきれなくて契約してしまったり、買ってしまっても、お金を払う前に相談しましょう。お金を払ってしまっても、お金が戻ってくることがあります。できるだけ早く信頼できる人に、相談しましょう。

　買ってしまったものや、持って帰らされたものは、使ったり、捨てたりせずに、いつでも返せるように置いておきましょう。

　今日は街で声をかけられた時は気をつけなければいけないということを勉強しました。街で声をかけられた時は、今日のワークを思い出しましょう。

「この化粧品、使ってみませんか」

ワーク

「タレントになりませんか」

 狙い　街で声をかけられる「タレント商法」について知る
声をかけられた場合の断り方を考える

今日は街で声をかけられた時は気をつけなければいけないということを勉強します。

ワーク ❶

街を歩いている時に「タレントになりませんか」と声をかけられてついて行くと、どういうことが起こる可能性がありますか。

想定される回答

・アダルト動画に出演させられる　・性的な被害を受ける
・タレントになるためのレッスン料や登録料という名目でお金を取られる

　街を歩いている時に、「タレントになりませんか」「モデルになりませんか」と声をかけられることがあります。そういう時について行くと、無理やりアダルト動画に出演させられたり、タレントになるためといって高いレッスン料や登録料を払わせられることがあります。

ワーク ❷

声をかけられた時はどう対応しますか？

想定される回答

・無視する　・断る　・逃げる（その場から離れる）

　声をかけられた時に返事をして、会話をしてしまうと、断りにくくなります。返事をせず、離れるようにしましょう。もし怖い思いをしたら、すぐに警察か信頼できる人に電話やメールをして、助けを求めるようにしましょう。
　もし、断りきれずに書類にサインをしてしまったり、お金を支払ったとしても、契約をやめることもできます。「損害賠償を払わせる」と脅されることもありますが、諦めず、できるだけ早く信頼できる人に、必ず相談しましょう。

※「無視するのは失礼ではないか」と言われた場合、「道で突然声をかけてくる人は、無視されることをわかって
　声をかけているから、失礼にはあたりません」と説明をする。

話しかけられた時の対応が実際にできるかどうか、練習してみましょう。私から声をかけてみるのでやってみて下さい。

※はっきり断れるかどうか、何度断っても離れない時にどうするか、等のパターンで実際のやりとりをやってみましょう。

今日は街で声をかけられた時は気をつけなければいけないということを勉強しました。街で声をかけられることがあったら、今日のワークを思い出しましょう。

「すてきな教材があるんです」

狙い　訪問販売の危険を知る
訪問された場合の断り方を考える

今日は家を訪問された時に気をつけなければいけないことを勉強します。

ワーク ❶

自宅でのんびりしている時に、「素敵な教材があります」と訪問販売の人が来ました。どういうことが起こりますか。

想定される回答

・自分には必要のない教材を買わされる　・高い教材を買わされる　・次々に教材が送られてくる
・いろいろな販売の人が来るようになる

　自宅に、資格試験の教材や宝石や洗剤等を売りにくることがあります。高いものを売りつけられたり、契約をさせられることがあります。

ワーク ❷

自宅に販売の人が来た場合はどう対応しますか？

想定される回答

・玄関をあけない　・インターホンで対応する　・無視する　・断る

　返事をして会話をしてしまうと、断りにくくなります。返事をしないようにしましょう。玄関をあけてしまうと、物を買ったり、契約をするまで帰ってもらえなくなることがあります。玄関をあけずに断って、帰ってもらうようにしましょう。

ワーク ❸

もし、玄関をあけてしまったらどう対応しますか？

想定される回答

・「必要ありません」と言い続ける　・家にいる人を呼ぶ
・グループホームの職員に連絡する　・警察を呼ぶ

「必要ありません」と断っても、なかなか帰ってくれないこともあります。「書類に署名をしたら帰ってくれるかな」と考えて署名をしてしまうのではなく、信頼できる人や警察に連絡をする等、買わずに帰ってもらえるようにしましょう。

 その対応が実際にできるかどうか、練習してみましょう。私を来客だと思ってやってみて下さい。

※はっきり断れるかどうか、何度断っても出ていかない時にどうするか、等のパターンで実際のやりとりをやってみましょう。

ワーク ❹ 教材を置いて帰られたり、後日送って来たら、どうしますか。

想定される回答

・信頼できる人（ルールブック 46頁）、弁護士、消費生活センターに相談する

もし、断りきれなくて契約をしてしまったり、買ってしまって、後日、教材が届いても、その商品を返して、契約をやめることができることもあります。
諦めずに、できるだけ早く信頼できる人に必ず相談しましょう。

今日は家に訪問された時に気をつけなければいけないことを勉強しました。家を訪問された時は今日のワークを思い出しましょう。

5 やめられなくなることがあります

（ルールブック 38 〜 39 頁）

（ルールブック 38 〜 39 頁）

目　的

● お酒、ギャンブル、処方薬等も、依存の対象になり、やめられなくなることがあることを知る
● それぞれの楽しみ方、使い方のルールを考える
● やめられなくなった時にどうするかを考える

支援者に知ってほしいこと

● お酒、ギャンブルや処方薬も違法薬物と同じで依存状態になってしまった結果、生活が破綻する等の困った状態になる可能性があること
● 「やりすぎないようにする」というだけでは、根本的な解決にはならないこと
● やめられなくなる要因を一緒に考えることや、やめられなくなった時に、相談できる先があることを知ってもらうことが重要であること

○ 「依存」について

　アルコールやギャンブル、処方薬等は、使い方を自分でコントロール（減らす・やめる等）することができなくなり、日常生活や、社会生活に不都合が起きている（困った状態になっている）のにやめることができない状態になることがあります。このような状態を「依存」といいます。依存になると、本人がどんなに強く反省し決意をしても、周りがどんなに説得をしても、自分ではやめたり、減らしたりすることができなくなります。

　依存を招くもの・ことは、大きくわけると以下の2つのグループにわかれます。

物質系	アルコール・タバコ・薬物・睡眠薬等の処方薬等
非物質系	ギャンブル、買い物、インターネット、ゲーム、過食・拒食・ダイエット、恋愛・セックス、万引き等

　依存をどのようにとらえるかは時代とともに変わってきています。簡単には以下のような変化です。

	捉え方	対応
昔	「意思の弱い人」「厄介な人」「犯罪者」	努力・反省が足りない。 薬物をやめることができないのは自己責任 犯罪者なので刑罰を科す
	「依存症」という病気	病気なので治療する
今	「薬物を使っていることによって困ったことが起きている（使用障害）」（「依存症」になっているのかは問わない）	困らずに生きていけるように、根本的な原因を解決するための支援・治療を行う ※世界的には刑罰を科さない取組みも広がっている。

　これらの「困った状態」に対しては自助グループや専門の病院で支援・治療を受けていくことが有効です。

※依存症・アディクションに関する相談窓口・支援団体
　NHK ハートネット「依存症・アディクションに関するサイト」https://www.nhk.or.jp/heart-net/topics/6/#p-topicsDetail__section--06

① お酒（アルコール依存）(ルールブック 38 頁)・・・・・・・・・・・・・・・・・・・・・・・・・・・●

　アルコールは、依存性のある物質です。そのため、日々飲み続ければ、年齢や性別にかかわりなく、誰でもアルコール依存になる可能性があります。

　アルコール依存とは飲酒に関してコントロールがきかなくなることを言います。

　例えば以下のような状態です。

●飲んではいけない時や場所なのに飲んでしまう

●今日は少しにしようと思ったのに酔いつぶれるまで飲んでしまう

●飲みすぎで病気になっているのにやめられない、等

アルコール依存になった結果、以下のようなことが起こることがあります。

●お酒を飲み続けて身体を壊してしまう

●他の犯罪にあたるようなトラブル（飲酒運転、ケンカ、お酒を盗んでしまう等）を起こしてしまう

●大切な家族を傷つけてしまう

　もちろん、気分転換等のためだったり、好きでお酒を飲む人も少なくありません。アルコール依存になるのを防ぐにはお酒以外の楽しみを見つけることや、お酒を楽しみながら量や日にち、時間帯や飲むタイミングで自分なりのルールをつくっていくことが考えられます。

② パチンコ（ギャンブル依存）（ルールブック 38 頁） ⋯⋯⋯⋯⋯⋯⋯⋯⋯●

　パチンコや競馬、競輪、ボート競技等のギャンブルも、依存さ
せる特性を持っています。そのため、日々続ければ、年齢や性別
にかかわりなく、誰でもギャンブル依存になってしまう可能性が
あります。

　ギャンブル依存とは、ギャンブルに関してコントロールがきか
なくなることを言います。

　例えば、以下のような状態です。

- ●ギャンブルをしていてはいけない時や場所（職場等）なのに
　続けてしまう
- ●ギャンブルのために借金をかさねてしまう

　ギャンブル依存になった結果、以下のようなことが起きること
があります。

- ●ギャンブルのための借金等で生活が壊れてしまう（離婚される、仕事に行けなくなる等）
- ●他の犯罪にあたるようなトラブル（お金を得るために窃盗や強盗をする等）を起こし
　てしまう

　お酒と同じように、ギャンブルそれ自体が、趣味になっていることもあります。ギャン
ブルに依存することを防ぐためには、ギャンブル以外の楽しみを見つけること等、興味を
そらしていったり、趣味として楽しみながら、回数や金額での自分なりのルールをつくっ
ていくことが考えられます。

③ 市販・処方薬（医薬品依存）（ルールブック 39 頁） ⋯⋯⋯⋯⋯⋯⋯⋯●

　違法薬物ではない市販薬や睡眠薬や精神安定剤等の処方薬も、
依存性を持っています。そのため、定められた用法・容量を守ら
ずに使用すると、年齢や性別にかかわりなく、誰でも医薬品依存
になってしまう可能性があります。

　医薬品依存とは、決められた使い方を守らずに使い続けている
ような状態を指します。

　例えば、以下のような状態です。

- ●どんどん薬が効かなくなるので、薬の量が増えていく
- ●薬をのんでいないと生活ができなくなる

　医薬品の依存になった結果、以下のようなことが起こることが
あります。

- ●健康上の問題が出てくる（記憶を失う、性格の変化等）
- ●身体を壊しているのにやめられない

第2章｜気をつけたいこと

●他の犯罪にあたるようなトラブル（薬や、薬を買うためのお金を得るために窃盗や強
　盗をする等）を起こしてしまう

　こうした危険性を知ってもらうとともに、薬に頼りすぎないようにしたり、飲みすぎな
いための工夫も考えていく必要があります。

もう少し知りたい人へ・文献紹介（4） column

いろいろな依存について

- 松本俊彦監修『自分を傷つけてしまう人のためのレスキューガイド―自傷
　行為、摂食障害、物質乱用・依存に悩む人の回復と支援のために』（法研、
　2018 年）
- 松本俊彦・今村扶美『SMARPP-24　物質使用障害治療プログラム』（金剛
　出版、2015 年）
- 田中紀子『ギャンブル依存症』（角川新書、2015 年）
- 吉田精次・ASK（アルコール薬物問題全国市民協会）『アルコール・薬物・ギャ
　ンブルで悩む家族のための 7 つの対処法― CRAFT』（アスク・ヒューマン・
　ケア、2014 年）
- Ｄ・Ｃ・デイリー／Ｋ・Ａ・モントローズ〔著〕藤井さやか／市川亮〔訳〕
　松本俊彦〔監修〕『統合失調症とアルコール・薬物依存症を理解するための
　セルフ・ワークブック』（金剛出版、2014 年）

ワーク

やめられなくなること（お酒）

狙い お酒は自分ではやめられなくなり、社会生活に悪影響がでる可能性があることを知る
お酒をやめられなくなったらどうするかを考える

今日はお酒はやめられなくなることがあるということを勉強します。

口頭ワーク

このイラストの人は、どういう時にお酒を飲みたくなると思いますか。
（または、「あなたがお酒を飲みたくなるのはどういう時ですか」）

想定される回答

・飲み会や友だちと集まった時　・気分良くなりたい時　・夕飯時　・仕事が終わった後
・ヒマな時　・寂しい時

お酒は、やめられなくなることがあります。
お酒をやめられなくなると、お酒を飲んでいないとイライラしたり、仕事に行かずにお酒を飲んでしまったり、お金がないのにお酒が欲しくて、友だちや家族からお金を借りてしまったりして、日常生活に困ったことが起きるようになることがあります。
困ったことになるサインは次のようなものがあります。
・「今日は飲まないでいよう」と思ってもつい飲んでしまう
・明日は朝早くから仕事だからと思ってもお酒を飲むのを止められない
・家族や友だちにお金を借りてお酒を買ってしまう
・お酒を飲んだ後、記憶がなくなっていることがある

第2章　気をつけたいこと

ワーク ❶

お酒をやめられなくならないために、どうしたらいいですか。

想定される回答

・お酒以外の楽しみを見つける

・飲み方のルールを決める（休肝日・飲む量・時間等を決める）

　　・週に 2 日は休肝日　・ビール何杯まで

　　・1 人では飲まない　・飲むのは何時から何時まで　等

※回答が出てこない場合も、想定される回答を確認して下さい。

ワーク ❷

お酒を飲むのをやめられなくなったり、仕事に行けないことがあったりしたら、どうしたらいいですか。

想定される回答

・信頼できる人（ルールブック 46 頁）に相談する　・病院に行く

お酒を飲む人は、今日のワークを覚えておいて下さい。

やめられなくなること（お酒）

ワーク
やめられなくなること(ギャンブル)

狙い ギャンブルは自分ではやめられなくなり、社会生活に悪影響がでる可能性があることを知る
ギャンブルがやめられなくなったらどうするかを考える

今日はパチンコはやめられなくなることがあるということを勉強します。

口頭ワーク

このイラストの人は、どういう時にパチンコをしたくなると思いますか。
(または「あなたがパチンコをしたくなるのはどういう時ですか」)

想定される回答

・お金がない時　・仕事が終わった後　・ヒマな時　・友だちと集まった時

パチンコは、やめられなくなることがあります。

パチンコをやめられなくなると、パチンコに行かないとイライラしたり、仕事に行かずにパチンコをしてしまったり、お金がないのにパチンコに行きたくて友だちや家族からお金を借りてしまったりして、日常生活に困ったことが起きるようになることがあります。

困ったことになるサインは次のようなものがあります。

・「今日はここまでにしよう」と思ってもやめられない
・家族や友だちにお金を借りてパチンコをしてしまう時がある
・仕事をサボってパチンコをしてしまうことがある

ワーク ❶ パチンコをやめられなくならないために、どうしたらいいですか。

想定される回答

・パチンコ以外の楽しみを見つける

・ルールを決める（金額・回数・時間等を決める）

　　・１回に使う金額を決める　　・週に１回にする

　　・パチンコに行くのは何時から何時まで　等

※回答が出てこない場合も、想定される回答を確認して下さい。

ワーク ❷ パチンコがやめられなくなったり、仕事に行けないことがあったりしたら、どうしたらいいですか。

想定される回答

・信頼できる人に相談する（ルールブック 46 頁）　・病院に行く

　競馬や競輪、ボート等も、パチンコと同じようにやめられなくなることがあります。これらが好きであればやめられなくならないためにはどうしたらいいかを考えてみましょう。

パチンコをする人は、今日のワークを覚えておいて下さい。

やめられなくなること（ギャンブル）

ワーク
やめられなくなること(処方薬)

狙い　処方薬は自分で飲むことをやめられなくて、社会生活に悪影響がでる可能性があることを知る
処方薬をやめられなくなったらどうするかを考える

今日は病院でもらった薬や、店で売っている薬もやめられなくなることがあるということを勉強します。

口頭ワーク

このイラストの人が、決められた量以上の薬を飲んでいるとどういうことが起こると思いますか。

想定される回答

・どんどん効かなくなる　・必要な薬の量が増えてしまう　・副作用で体調が悪くなったりする

　決められた量以上の薬を飲み続けていると、やめられなくなることがあります。やめられなくなってしまうと、決められた量では薬が足りなくなり、薬がないと仕事にいけなくなったり、日常生活に困ったことが起きるようになることがあります。
　困ったことになるサインは次のようなものがあります。
　・決められた時以外にも薬が飲みたくなる
　・決められた量以上に薬が飲みたくなる
　・処方された薬が効かなくなる

ワーク❶　決められた通りに薬を飲むために、どうしたらいいですか。

想定される回答　・1日分に分けて置いておく　・家族や信頼できる人(ルールブック 46 頁)に預ける。

ワーク❷　決められた以上に薬をたくさん飲むようになってしまったら、どうしたらいいですか。

想定される回答　・信頼できる人(ルールブック 46 頁)に相談する　・医者に行って話す

薬は決められたルール通りに飲みましょう。

相互援助グループの活用
〈薬物やアルコールを使わず、ギャンブルを必要としない生き方を学ぶために〉

　気分の変わる薬物を使い続けることやリスクを負って報酬を獲得する行動を繰り返すことで、依存症になっていきます。多くの依存者は「いつでも止められる」、「自分は大丈夫」、「自分は依存症じゃない」と自分を過信して依存症へと進んでいきます。だれも刑務所に入るためや精神科病院に入院するために薬物を使う人はいません。

　依存症がどのようなプロセスで進行していくのかについて現在の薬物乱用防止教育では、十分に伝えることができていません。「ダメ！　ゼッタイ！」というキャンペーンにおいて一度でも使えばやめられなくなり、廃人となる極端なメッセージを伝えているためです。また、使ってしまう要因が単なる好奇心ではないことも理解されていません。

　依存症から回復した人たちの話を聞いてみると、なぜ依存症になり進行を止められなかったのかがよくわかります。

　アルコールやギャンブルは合法ですし、すべての人がはまるわけではありません。多くの人は節度ある飲酒やギャンブルを楽しむことができます。しかし、飲酒やギャンブルを行う人の 10%〜 20%の人たちは依存の問題を抱えることになります。そこには、使わざるを得ないストレスや生きづらさや生きにくさを抱えていることが少なくありません。

　ですから、単純に「良くない行為だからやめなさい」では解決できません。薬物やアルコールを使わず、ギャンブルを必要とせずに生きる生き方を学ぶ必要があります。

　そのためには当事者が集い「12 ステップ・プログラム」を実践する相互援助グループ等が役に立つことでしょう。アルコール依存のアルコホーリクス・アノニマス（AA）や断酒会、薬物依存のナルコティクス・アノニマス（NA）やダルク、ギャンブル依存のギャンブラーズ・アノニマス（GA）等があります。

　誰でも参加することが可能で、メンバー登録や会費等もありません。決まった日程でミーティングを行い回復に関する話をもとに経験をわかち合っています。本人以外の家族や関係者も聞くだけであればオープン・ミーティングに参加することができます。

　以下に、相互援助グループ等のホームページのアドレスをまとめておきます。
Alcoholics Anonymous（アルコホーリクス・アノニマス）https://aajapan.org/
Narcotics Anonymous（ナルコティクス・アノニマス）https://najapan.org/
Gamblers Anonymous（ギャンブラーズ・アノニマス）http://www.gajapan.jp/
断酒会　https://www.dansyu-renmei.or.jp/
ダルク　http://darc-ic.com/darc-list/　　　　　　　　　　　　　　（加藤武士）

やめられなくなること（処方薬）

もう少し知りたい人へ・文献紹介（5）

罪に問われた障がい者への支援について

- 山本譲司『刑務所しか居場所がない人たち：学校では教えてくれない、障害と犯罪の話』（大月書店、2018）

  刑務所の中にいる4人に1人が障害があると言われている。この「累犯障害者」が生まれる背景や解決方法等の全体像をコンパクトにまとめた一冊。

- 西日本新聞社『ルポ・罪と更生』（法律文化社、2014）

  2年間、紙面で展開された連載記事を中心にまとめられた本。刑事司法の流れに沿って、司法、福祉、更生保護、さまざまな現場の取り組みが現場の視点で紡がれている。

- 一般社団法人東京TSネット『更生支援計画をつくる―罪に問われた障害のある人への支援』（現代人文社、2016）

  障がい等の生きづらさを抱えた人が捜査や刑事裁判の対象になった時、どのような支援ができるのか、刑事司法に携わろうとするソーシャルワーカー等への入門書。

- 掛川直之編著『不安解消！出所者支援―わたしたちにできること』（旬報社、2018年）

  いわゆる「出所者」に対するさまざまな「不安」に焦点をあてた本。司法福祉の基礎知識、出所者支援に必要な社会資源、住まい、雇用等、場面に応じて語られている。

6 危ない目にあったり、嫌な思いをしたりします
（ルールブック 40 頁）

目 的

● 性的な行為をきっかけに、危ない目にあったり、嫌な思いをする可能性があることを知る
● 「このくらいなら大丈夫かな」と思っていても、想像もしていないようなことが起きたり、後になってつらい思いをすることもあることを知る
● 性的な行為に誘われたり困った状態にある時にどうするかを考える

支援者に知ってほしいこと

● 性的な行為をきっかけに、トラブルにつながる可能性が高いこと
● 売春等の不適切な性的行為の背景に自尊心の欠如等があること
● 危険な目にあった、病気になったということが発覚した際に、叱責するのではなく、受け止めることから始める必要があること

① 売 春 （ルールブック 40 頁）

売春とは、金銭を得ることを目的として性交をすることです（相手が同性か異性かは問わない）。売春は売春防止法で禁止されています。「おこづかいあげるよ」等と言われてホテルについて行き、性交渉をして、後でお金を受け取った場合でも同じです。

売春

刑罰としては次のようなことが定められています。

●売春の勧誘をした場合：6 か月以下の懲役または 1 万円以下の罰金。
●売春のあっせんをした場合：2 年以下の懲役または 5 万円以下の罰金

※「援助交際」「パパ活」など、時代によって「売春」ではなく気軽なこととして表現されることもありますが、性交があれば、売春です。

② 下着を売る （ルールブック 40 頁）

下着を売ることは、次のようなトラブルにあう可能性の高い、危険な行為です。

下着を売る

●売る際に個人情報（顔写真、名前、住んでいる場所等）が拡散してしまう
●職場や、近所で噂になる

259

● 「この人は性的なことが好きなのだ」等と誤解され、性被害やストーカー被害を受けてしまう

③ 身体をさわらせる （ルールブック 40 頁）

「少しくらい大丈夫」とか、「肩をさわるくらいなら大丈夫」
と思っていると、次のようなトラブルにあう可能性があります。

身体をさわらせる

● 身体をさわっても嫌がらないのであれば大丈夫だろうと
思われて、胸や性器等の大切なところまでさわられてしまう
● レイプ等の性的な被害に発展してしまう

④ 下着や裸の写真をメールや SNS で送る （ルールブック 40 頁）

下着や裸の写真を SNS にアップすると、次のようなトラブル
にあう可能性があります。

下着や裸の写真を
メールやSNSで送る

● あおられて、やめることができなくなり、どんどん過剰な
写真をアップしてしまう
● 望まない人に見られる：相手のパソコンやスマートフォン
がウイルスに感染し、その写真が拡散して、いろいろな人
に見られてしまう
● 性的な被害を受ける：その写真が拡散した結果、「この人は
性的なことが好きなのだ」等と誤解され、性被害やストー
カー被害を受けてしまう
● 後で消去することができない：後で削除しても、一度イン
ターネットに流れたものを完全に削除することはできず、
ネット上にいつまでも残ってしまう

⑤ 他の人が見ているところでいちゃつく （ルールブック 40 頁）

他の人が見ているところで身体をさわりあう等の行為は、
「公然わいせつ罪」等の犯罪になることがあります。また、
次のようなトラブルになる可能性があります。

他の人が見ているところでいちゃつく

● 写真に撮られて拡散されてしまう
● 周りの人が不快な思いをし、トラブルになる
● 職場や近所で噂になってしまう
どのような行為がだめなのか、というのは人によって違い
ますが、少なくとも相手の身体の大切な部分（胸や性器等）
をさわる行為はやめましょう。

⑥ 裸の写真を撮ってインターネットにアップする （ルールブック 40 頁）

交際相手から、下着や裸の写真が欲しいと言われて、メールで送ったり、SNS 等にアッ

プすると、次のようなトラブルにあう可能性があります。

●望まない人に見られる：インターネット上で拡散され、いろいろな人に見られてしまう

●性的な被害を受ける：拡散された結果「この人は性的なことが好きなのだ」と誤解され、性被害やストーカー被害を受けてしまう

●後で消去することができない：リベンジポルノ（別れた元交際相手等が、はらいせに、相手の裸の写真や動画等、相手が公開するつもりのない私的な性的画像を無断でネットの掲示板等に公開する行為）等の被害を受ける

裸の写真を撮って
インターネットにアップする

ワーク

売春

 狙い 売春が危険な行為であることを知る
売春に誘われた時の断り方を考える

今日は危ない目にあったり、嫌な思いをすることを勉強します。

ワーク ❶
お金をもらって性的な行為をすることを売春といいます。売春をしたらどういうことが起こりますか。

想定される回答

・病気になる　・妊娠する　・警察に連れていかれる　・危険な目にあう
・知らないところに連れて行かれる　・暴力を受ける

　売春は法律で禁止されています。また、売春をしていると、病気になってしまったり、望まない妊娠をしてしまったりします。暴力を受ける等の危険な目にあうことも多いです。「パパ活」等も同じです。

ワーク ❷
友だちから「お小遣い稼げるから一緒にやろうよ」と誘われた時はどう対応しますか？

想定される回答

・きっぱり断る：
・切り返す：「なんでそんなこと、言うの」
・話をそらす：「そんなことより、昨日のドラマ見た？」
・別の提案をする：「他のバイト探しましょう」
・気持ちを伝える：「そういうことは怖いよ」
・理由を伝える：「危ないことなのでやりたくないです」
・その場ではわかったと言って、信頼できる人（ルールブック 46 頁）に相談する

※「断る」という答えが出た場合は、「何と言って断りましょうか」と具体的な答えを聞いてみましょう。
※「関係が悪化するから言えない」という回答が出た場合は、関係が悪化したら困るか、何が困るか、他の人間関係をつくるのはどうか、等を話し合ってみましょう。

第2章｜気をつけたいこと

※ここは、「友だち」の部分について「彼氏（彼女）」「お世話になっている先輩」等、いろいろなパターンで聞いてみて下さい。

> 　断ることができなかった場合、すぐに警察や信頼できる人に電話かメールをして、助けを求めるようにしましょう。

 　その対応が実際にできるかどうか、練習してみましょう。私を友だちだと思ってやってみて下さい。

※はっきり断れるかどうか、何度も頼まれても断れるかどうか、等のパターンで実際のやりとりをやってみましょう。

> 　今日は、売春をすると危険な目に合うことがあることを勉強しました。今日のワークを忘れないようにしましょう。

売春

ワーク
下着を売る

 狙い　下着を売ることに伴う危険性を知る
誘われた時の断り方を考える

今日は自分の下着を売ってはいけないということを勉強します。

ワーク ❶　自分の下着を売ると、どういうことが起こりますか。

想定される回答

・トラブルに巻き込まれる　・身元が明らかになる　・噂になってしまう　・ストーカーをされる

　「お金が儲かるからいい」と思う人がいるかもしれません。しかし、下着を売っていると、インターネット上でのやり取りであっても、どこの誰かわかってしまって噂になったり、「この人は性的なことが好きなんだ」と誤解されてストーカーをされたり、トラブルに巻き込まれて危険な目にあうことがあります。

ワーク ❷　友だちや先輩から「お小遣い稼ぎに一緒にやろうよ」と誘われた時はどう対応しますか？

想定される回答

・きっぱり断る：
・切り返す：「なんでそんなこと、言うの」
・話をそらす：「そんなことより、昨日のドラマ見た？」
・別の提案をする：「他のバイト探しましょう」
・気持ちを伝える：「そういうことは怖いよ」
・理由を伝える：「危ないことなのでやりたくないです」
・その場ではわかったと言って、信頼できる人（ルールブック46頁）に相談する
※「断る」という答えが出た場合は、「何と言って断りましょうか」と具体的な答えを聞いてみましょう。
※「関係が悪化するから言えない」という回答が出た場合は、関係が悪化したら困るか、何が困るか、他の人間関係をつくるのはどうか、等を話し合ってみましょう。
※ここは、「友だち」の部分について「彼氏（彼女）」「お世話になっている人」等、いろいろなパターンで聞いてみて下さい。

第2章　気をつけたいこと

断ることができなかった場合、すぐに信頼できる人に相談しましょう。

 その対応が実際にできるかどうか、練習してみましょう。私を友だちだと思ってやってみて下さい。

※はっきり断れるかどうか、何度も頼まれても断れるかどうか、等のパターンで実際のやりとりをやってみましょう。

今日は、自分の下着を売ってはいけないということを勉強しました。今日のワークを忘れないようにしましょう。

ワーク

身体をさわらせる

 狙い 他人に身体をさわらせることが危険であることを知る
断り方について考える

今日は恋人やパートナーの人以外に身体をさわらせてはいけないということについて勉強します。

ワーク ❶ 他人に身体をさわられるのをそのままにしていると、どういうことが起こりますか。

想定される回答

・さわられたくないところをさわられる　・レイプされる

　例えば、職場の人に、この絵のように肩をさわられた場合に、それを放置していると、この人はさわっても嫌じゃないとかさわっても怒られないだろうと誤解され、もっと、さわられたくないところをさわられたり、レイプをされたりといった、性的な被害にあうことがあります。

ワーク ❷ 職場の人から、肩に手を置かれたら、どう対応しますか？

想定される回答

・その場から離れる　・やめて下さいと言う　・信頼できる人（ルールブック 46 頁）に相談する
・職場のセクハラ相談窓口に相談する

※「断る」という答えが出た場合は、「何と言って断りましょうか」と具体的な答えを聞いてみましょう。
※「関係が悪化するから言えない」という回答が出た場合は、関係が悪化したら困るか、何が困るか、他の人間関係をつくるのはどうか、その場合、誰に助けを求めたらいいか等を話し合ってみましょう。
※ここは、「職場の上司」の部分について「お世話になっている先輩」「友だち」等、いろいろなパターンで聞いてみて下さい。

　さわられた時に何も言わずに黙っていると、嫌がっていないと思われて、だんだんエスカレートしてしまうことがあります。きちんと断りましょう。断ってもやめてもらえない場合や、断ることができなかった場合は、できるだけ早く信頼できる人に相談しましょう。

第2章　気をつけたいこと

その対応が実際にできるかどうか、練習してみましょう。私を上司だと思ってやってみて下さい。

※はっきり断れるかどうか、離れることができるかどうか、等のパターンで実際のやりとりをやってみましょう。

今日は恋人やパートナーの人以外に身体をさわらせてはいけないということについて勉強しました。今日のワークを忘れないようにしましょう。

身体をさわらせる

ワーク

下着や裸の写真をメールや SNS で送る

狙い 自分の下着や裸の写真を SNS にアップすることの危険性を知る
頼まれた時の断り方を考える

今日は自分の下着や裸の写真を SNS にアップしてはいけないということを勉強します。

ワーク ❶

自分の下着や裸の写真を SNS にアップすると、どういうことが起こりますか。

想定される回答

・インターネット上に広がってしまう
・映っている人の身元がわかる（噂になってしまう・ストーカーをされる・襲われる）
・悪用される

　下着や裸の写真を SNS にアップすると、インターネット上に広がってしまうことがあります。インターネットに一度広がってしまうと、知らない人も誰でも見ることができてしまいますし、消すことができず、ずっとその写真が残ることになります。
　また、写真に映っている人が誰かがわかって、噂になったり、ストーカーをされたり、「この人は性的なことが好きなんだ」と誤解されて性的な被害を受けたり、危険な目にあうことがあります。
　さらに、悪用されることもあります。

ワーク ❷　友だちから「一緒にアップしよう」と誘われた時はどう対応しますか？

想定される回答

・きっぱり断る：

・切り返す：「なんでそんなこと、言うの」

・話をそらす：「そんなことより、昨日のドラマ見た？」

・別の提案をする：「他のことしよう」

・気持ちを伝える：「そういうことは怖いよ」

・理由を伝える：「危ないことなのでやりたくないです」

・その場ではわかったと言って、信頼できる人（ルールブック 46 頁）に相談する

※「断る」という答えが出た場合は、「何と言って断りましょうか」と具体的な答えを聞いてみましょう。

※「関係が悪化するから言えない」という回答が出た場合は、関係が悪化したら困るか、何が困るか、他の人間関係をつくるのはどうか、そういう時は誰を頼ればいいか等を話し合ってみましょう。

※ここは、「恋人」の部分について「お世話になっている先輩」「友だち」等、いろいろなパターンで聞いてみて下さい。

断ることができなかった場合、すぐに信頼できる人に相談しましょう。

　その対応が実際にできるかどうか、練習してみましょう。私を恋人だと思ってやってみて下さい。

※はっきり断れるかどうか、何度も頼まれても断れるかどうか、等のパターンで実際のやりとりをやってみましょう。

今日は下着や裸の写真を SNS にアップしてはいけないということについて勉強しました。今日のワークを忘れないようにしましょう。

下着や裸の写真をメールや SNS で送る

ワーク

他の人が見ているところでいちゃつく

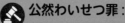 **公然わいせつ罪：**
6か月以下の懲役または30万円以下の罰金

狙い 人のいるところでしてはいけないことを知る
人のいるところで恋人から誘われた時の断り方を考える

今日は、公共の場でしてはいけないことについて勉強します。

口頭ワーク

「人のいるところ」を公共の場といいます。どういうところがありますか。

想定される回答

・公園　・映画館　・野球場　・道路　・学校　・駅　・空港　・神社　・お店　・会社

ワーク ❶
恋人同士が公共の場で身体をさわったり、性行為をしたりすると、どうなりますか。

想定される回答

・犯罪になる　・写真に撮られて拡散される　・気持ち悪いと思われる　・怒られる

※楽しい答え（おもしろがる等）が返って来たら、そういう人もいるかもしれないが、多くの人は嫌な気持ちになるということを伝えて下さい。

※このイラストでは、服を着ていますが、ワークとしては、下着もとっている状況を想定しています。

　「人のいる所で性行為をしたり」「裸を見せること」は犯罪になることがあります。下着だけの状態であっても、都道府県で決めている条例というルール違反にあたることがあります。
　また、近所で噂になったり、思わぬトラブルになることもあります。恋人同士でも公共の場では身体をさわりあうのはやめましょう。

ワーク ❷
恋人同士が身体をさわったりしても大丈夫な場所はどういうところがありますか。

想定される回答

・自分や相手の部屋　・ホテルの部屋

ワーク ❸
公共の場で恋人から身体をさわりたいと誘われた時はどう対応しますか？

想定される回答

・きっぱり断る：
・切り返す：「なんでそんなこと、するの」
・話をそらす：「そんなことより、昨日のドラマ見た？」
・別の提案をする：「部屋でしよう」
・気持ちを伝える：「そういうことは恥ずかしいよ」
・理由を伝える：「恥ずかしいので、やりたくないです」
・信頼できる人（ルールブック 46 頁）に連絡する

※「断る」という答えが出た場合は、「何と言って断りましょうか」と具体的な答えを聞いてみましょう。
※「関係が悪化するから言えない」という回答が出た場合は、関係が悪化したら困るか、何が困るか、他の人間関係をつくるのはどうか、そういう時は誰を頼ればいいか等を話し合ってみましょう。

その対応が実際にできるかどうか、練習してみましょう。私を恋人だと思ってやってみて下さい。

※はっきり断れるかどうか、何度も頼まれても断れるかどうか、等のパターンで実際のやりとりをやってみましょう。

今日は、人のいるところでしてはいけないことについて勉強しました。今日のワークを忘れないようにしましょう。

ワーク

裸の写真を撮ってインターネットにアップする

狙い 恋人と裸の写真を撮ってインターネットにアップすることの危険性を知る
恋人から頼まれた時の断り方を考える

今日は裸や下着の写真を撮ってはいけないということについて勉強します。

ワーク ❶ 恋人といる時に裸の写真を撮ると、どういうことが起こりますか。

想定される回答

・誰かに送られる

・インターネットにアップされてしまう

ワーク ❷ 裸の写真を恋人に送ると、どういうことが起こりますか。

想定される回答

・写真に映っている人が誰かがわかってしまう

・噂になってしまう

・ストーカーをされる

・トラブルに巻き込まれる

裸の写真を恋人に送ると、間違ってたくさんの人に見られてしまうことがあります。

またリベンジポルノといって、おつきあいが終わった後で、はらいせに写真を悪用される事件も実際に起きています。

恋人同士でも裸の写真は、撮らないようにしましょう。

ワーク ❸　恋人から裸の写真を撮りたいと頼まれた時はどう対応しますか？

想定される回答

・きっぱり断る：

・切り返す：「なんでそんなこと、するの」

・話をそらす：「そんなことより、昨日のドラマ見た？」

・気持ちを伝える：「そういうこと恥ずかしいよ」

・理由を伝える：「恥ずかしいので、やりたくないです」

・その場ではわかったと言って、信頼できる人（ルールブック 46 頁）に相談する

※「断る」という答えが出た場合は、「何と言って断りましょうか」と具体的な答えを聞いてみましょう。

※「関係が悪化するから言えない」という回答が出た場合は、関係が悪化したら困るか、何が困るか、他の人間関係をつくるのはどうか、そういう時は誰を頼ればいいか等を話し合ってみましょう。

　断ることができなかった場合、すぐに信頼できる人に相談しましょう。

　その対応が実際にできるかどうか、練習してみましょう。私を恋人だと思ってやってみて下さい。

※はっきり断れるかどうか、何度も頼まれても断れるかどうか、等のパターンで実際のやりとりをやってみましょう。

　今日は、裸の写真を撮らせてはいけないということを勉強しました。今日のワークを忘れないようにしましょう。

裸の写真を撮ってインターネットにアップする

黙秘権について

　「黙秘権」という権利について、聞いたことがあると思います。日本の最高法規である憲法の中で認められている権利です。この権利は、どんな時でも、人は自分に不利益なことは言わなくていいというものです。刑事司法では、取調べや裁判の場面で、始めから終わりまで、どんな質問に対しても受け答えをしないで黙っていても良い、そして、黙っていたことについて、裁判で不利益に扱われない、ということになっています。

　なぜ、このような権利が認められているのでしょうか。取調べの場面では、取調べをする警察官や検察官と取調べを受ける人の間には、圧倒的な力関係の差があります。その力関係を対等にし、無理に自白させられることを避けるために、取調べで受け答えをしなくても良いという権利が与えられています。黙秘権がなかった時代には、拷問でむりやり自白をさせるような取調べがあり、本人が事実と異なることを認めてしまったり、必要以上に悪いことをしたように書かれた書面を作成されてしまったことがありました。

　「黙秘する」ということが悪いことのように報道されることもありますが、黙秘権を使って取調べでだまっているということは、非難されることではありません。過去の反省に基づき憲法で認められた、当然に使って良い権利なのです。また、警察官や検察官からの質問によって、答えを誘導されやすかったり、うまく自分の言い分を伝えられない障がいを抱えた当事者にとっては、より重要な権利だといえます。

（野原郭利）

第3章

悪いこと
（犯罪）
をしたら…

悪いこと(犯罪)をしたらどうなるの (ルールブック 42 〜 43 頁)

目 的

● 実際に「してはいけないこと(犯罪)」をしてしまった場合の手続きの流れを知る
● 警察に疑いをかけられた場合の自分の身の守り方を知り、実際にできるようになる

支援者に知ってほしいこと

● 実際に悪いことをしていても、していなくても、関わっている人が警察につれていかれたら、すぐに弁護士を呼ぶこと
● 逮捕された場合に、無料ですぐに駆けつけてくれる当番弁護士という制度があること
● まったく何もしていなくても、犯罪者とされてしまうことが実際にあること

刑事手続のおおまかな流れ

① 警察に声をかけられる (職務質問) (ルールブック 42 頁) ⋯⋯⋯⋯⋯⋯⋯●

犯罪があったと思われるような場合に、警察官が駆けつけ、疑っている人に話をきくことになります。

具体的には、以下のような場合です。

●警察官が、犯罪と思われることを目撃した場合
●警察官が、何らかの犯罪があったと疑ったような場合
●犯罪があったようだと通報を受けた場合

警察に声をかけられる

② 逮捕される (現行犯逮捕・通常逮捕) (ルールブック 42 頁) ⋯⋯⋯⋯⋯●

警察官に声をかけられた後に、警察に連れて行かれることがあります。警察に連れて行かれた場合、決められた期間は自由が奪われる（家に帰れない、電話をかけることができない等）ことがあります。逮捕・勾留といわれる手続です。

逮捕される

③ 警察・検察で取調べを受ける （ルールブック 43 頁） ·······················●

　逮捕・勾留の間に、警察官や検察官から、事件に関する話を聞かれることになります（取調べ）。ここでの話やその他の捜査を通して、最終的に、検察官が裁判をするかどうかを決めます。裁判をすると決めた場合には、起訴をします。

警察・検察で取調べを受ける

　警察につれて行かれ、逮捕・勾留されている事件では、起訴するかどうかを決めるための期間は原則として最大23日間と決まっています。警察につれて行かれてもすぐに家に帰ることができ、逮捕・勾留されなかった場合には、期間が決まっていないため起訴までに数か月かかることがあります。

④ 裁判 （ルールブック 43 頁） ···●

　起訴された場合には、裁判所で裁判が開かれます。裁判では、実際に犯罪を行ったのかどうかと、どういう刑罰にするかを決めます（判決）。

裁判

　裁判は、事件の内容や規模によって、1、2か月程度で終わるものから、1年以上にわたるものまで様々です。一般的に、犯罪を行ったことを認めている事件（殺人等の重大な事件をのぞく）では、起訴されてから2か月程度で判決に至るものが多いです。

⑤ 刑罰 （ルールブック 43 頁） ···●

　裁判で、実際に犯罪を行ったと認められた場合、刑罰の内容が決められることになります。刑罰の種類は以下の通りです。

軽 ↑		
	科料	1,000 円以上 1 万円未満のお金をとられる
	拘留	1 日以上 30 日未満、身体を拘束される
	罰金	1 万円以上のお金をとられる
	禁錮	1 か月以上、身体を拘束される
	懲役	1 か月以上、身体を拘束され、刑務作業をさせられる
↓ 重	死刑	命を奪われる

　悪いことをしている場合でも、していない場合でも、きちんと身を守る方法を知っている必要があります。身を守る方法は以下の2つです。

① 警察に声をかけられても、決して逃げない （ルールブック42頁）…●

　警察官に声をかけられた際、逃げ出すような対応はよくありません。警察がさらに疑いを深めるからです。また、逃げ出すときに警察官を突き飛ばしてしまったりすると、それによって別の犯罪（公務執行妨害罪等）にあたることもあります。

　この時には以下のような対応をとりましょう。

●名前等の身分がわかるもの（ヘルプカード・障害者手帳・免許証等）を見せる

●警察官に以下のことを伝えて、支援者に連絡してもらう

　「自分の名前」「利用している事業所・学校名」「○○さんに連絡をとりたいです」

② できるだけ早く弁護士へ連絡する （ルールブック42頁）………………●

　逮捕されそうになったり、逮捕された時は、弁護士をすぐに呼ぶことが必要です。弁護士は、逮捕されたら無料ですぐに呼ぶことができます（「当番弁護士」と呼ばれている制度で、すべての都道府県にあります）。

〔当番弁護士の呼び方〕

　・支援者が逮捕を知った時：地元の弁護士会の当番弁護士制度を検索して、連絡をする

　・逮捕された本人：弁護士を呼んでほしいと警察に伝える。

なぜ弁護士に相談する必要があるのか

　刑事手続き（逮捕されてから、判決を受けるまで）の中で、その人を守ることができるのは弁護士だけです。弁護士は以下のようなことができます。

〔取調べを受けている期間にできること〕

●取調べの内容等を確認し、本人が置かれている状況を把握・説明した上で、今後の見通しを伝え、アドバイスをする

●本人の言い分をしっかり聞き、今後の対応を一緒に決める

●取調べ等で困っていることがあれば、それを解決するために働きかけをする

●不当な取調べや拘束が行われている等の場合に、警察や検察に対して異議申し立てをする

●逮捕・勾留されると、家族や支援者が本人に会うことができなくなることがある。その場合にも、弁護士は会うことができる。

●身体拘束の期間をできるだけ短くしたり、家族とも面会できるようにすることを裁判所に求める

〔裁判の期間にできること〕

●本人の言い分をしっかり伝える。

●身体拘束を受けている場合に釈放を求める。

●裁判の中で、本人の疑いを晴らしたり、必要以上に重い刑罰を受けないための援助を行う

　できるだけ早く弁護士に相談することで、刑事手続きの中で想定される以下のような状況を防ぐことや、適切な手段によって本人の不利益を最小限に抑えることができます。

① 長い時間自由を奪われる（身体拘束）ことを防ぐため

　逮捕のように自由を奪われることを身体拘束といいます。刑事手続きの中では、拘束される時間が以下のように決まっています。裁判になるかどうかが決まるまでには、最大で23日間（原則）、警察で自由を奪われたままになる可能性があります。別の犯罪で逮捕されると、さらに23日拘束されることもあります。

　起訴された後は、裁判で判決が出るまで拘束されることもあります。

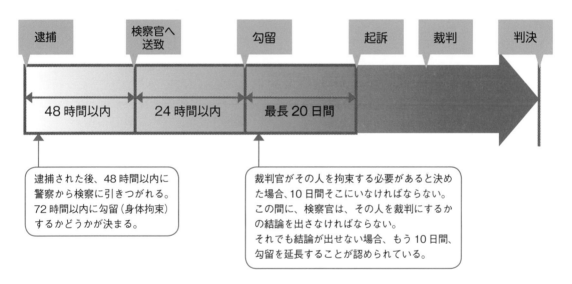

刑事手続きの中で身体拘束を受けると、以下のような状況になります。

●家族や職員と自由に会えない

●普段飲んでいる薬を飲めない

●テレビや携帯電話を見ることができない

●他の人と同じ部屋で過ごさなければならない

●食べるものが決められている

●自由に買い物をすることができない

② 悪いことをしていなくても、逮捕され罰を受ける（えん罪の危険）ことを防ぐため

　悪いことをしていない場合でも、逮捕され犯罪をおかしたとして罰を受ける（えん罪）可能性があります。えん罪が起きやすい状況として、以下のような場面が想定されます。

〔警察官に声をかけられた時〕

　警察官に声をかけられると、次のような行動をとってしまうことがあります。それが障がい特性が影響した行動であったとしても、警察官からは、「悪いことをしたから、説明できないんだ」等と誤解を受けてしまい、逮捕されてしまうようなこともありえます。

●疑いをかけられている状況に対してきちんと自分のことを説明できない

●職務質問の際の言動がおかしい

●パニックで急に逃げ出してしまう

〔警察・検察の取調べの時〕

　取調べは、以下のような状況になりやすく、事実と異なる自白がうまれやすいと言われています。特に、障がいのある人の場合、取調べの際に障がい特性に配慮されないことも多く、よりその危険性が高いといえます。

●警察の中で１人で取調べに対応する中で心身ともに疲労困憊してしまい、心あたりのないことでも「やりました」と自白してしまう

●早く自由になりたいというような気持ちで、「相手が望む返事」を感じ取ってしまい、その通りに話してしまう

●相手に言われたことの意味がわからないが、わかったと勘違いしたり、わかっているふりをして、取調べに応じてしまい、結果的に自分のしていない罪を認めてしまう

　実際、自白したことで犯人として報道されたり、有罪の判決を受けたりした後で、えん罪であることが明らかになった事件が度々報道されています。

③ やったこと以上に重く罰を受けることを防ぐため

　実際に悪いことをしていたとしても、取調べに適切に対応できなかったり、裁判できちんと弁解や反省が述べられないことから、罪が重くなってしまうことがあります。

　刑事手続きでは、反省の気持ちを伝えることができるか、物事を整理し事情をきちんと述べられるかどうかが刑罰を決める際の等の判断に大きく影響します（参照浜井浩一『2円で刑務所、5億で執行猶予』光文社新書、2009年）。障がいのある方は、反省の気持ちを伝えること自体に困難を抱えることがあるため、通常より重く処罰されてしまうこともあります。

ワーク

警察に声をかけられたら

公務執行妨害罪：
3 年以下の懲役もしくは禁錮または 50 万円以下の罰金

狙い 警察に声をかけられた際の適切な対応を知る

今日は警察官に声をかけられた時にどうしたらいいかを勉強します。

ワーク ❶　道を歩いている時や、自転車に乗っている時に、警察官に声をかけられることもあります。声をかけられたら、どうしたらいいでしょうか。

想定される回答

・名前を名乗る　・職員に電話をする　・職場や事業所を言う
・ヘルプカード、身分証（免許証・障害者手帳等）を見せる

　警察官に声をかけられた時は、怖いと思っても、走って逃げたり、逃げようとして暴れたりしてはいけません。そういうことをすると、何か悪いことをしているのではないかと疑われたり、警察の仕事をじゃましたと判断されて、公務執行妨害罪という犯罪になることがあります。
　警察官に声をかけられると、びっくりしますが、慌てずに落ち着いて、名前を名乗る等の対応をしましょう。

　実際にできるかどうか、練習してみましょう。私を警察官だと思ってやってみて下さい。

※本人が慌てずに話せるようになることが重要です。以下のパターンでやってみて下さい。
　・丁寧な声のかけ方（例：「警察です。少しお話を聞かせて下さい」）
　・威圧的に声をかけられる（例：「お前なにやってんだ」）
　・明らかに疑っているというような声のかけ方
　（例：「あなたに似ている人が近所でどろぼうに入ったと言われています」）
　等のパターンで実際のやりとりをやってみましょう。

　もし、警察官に声をかけられることがあったら、今日のワークを思い出しましょう。

2 刑務所に入るとどうなるの （ルールブック 44頁）

目 的

● 悪いことをした際に入る刑務所について知る

支援者に知ってほしいこと

● 「怖いところ」という抽象的な理解よりも、普段は自由にできていることが
できなくなることを具体的に知ることで、イメージしやすくなること

このパートの使い方

「刑務所に行きたくない」と思っていることと、「実際に悪いことをしない」ということとは直結するものではありません。このパートを、「刑務所は大変なところだから、行かないようにしなくてはいけない」というような理由づけに使うことは避けて下さい。個別のワークで記載しているように、「なぜそのようなことをしてしまうのか」という原因に対応した、前向きな解決策を考えることが重要です。

そのため、この章は、他の個別の犯罪に関するワークを行った際に、実際に刑務所のイメージができていない場合等に使用して下さい。

好きなことが出来なくなります

好きなものが
食べられません

お酒がのめません
タバコがすえません

好きなときに
テレビが見られません

外出できません

ゲームが出来ません

家族や恋人と離れなくてはなりません

知らない人と一緒に生活します

ワーク
刑務所ってどんなところ

今日は刑務所がどんなところか勉強します。

ワーク　刑務所ってどういうところだと思いますか。

想定される回答

・閉じ込められる　・自由がない　等

　刑務所には自由がないというイメージがあると思います。

　例えば、刑務所のトイレは、寝たり、食事をしたりする部屋の中にあって、個室にはなっていません。腰から下の部分だけは見えないようになっていますが、その他の部分は外から見えるようになっています。

　お風呂は、毎日は入れません。週に何回か入浴できる日があります。大浴場のようなところで多くの人が入ることになるので、服を脱ぐところから、着るところまで全部で 15 分くらいの間に急いで入らないといけません。

　周りの人とは自由に話をすることはできません。話す時も、よそ見をする時も刑務所の人の許可を取らなければなりません。もちろん、会いに来てくれる家族とも自由に会うことはできず、回数が決まっていたり、時間も決まっていて長く会うことはできません。

それでは、その他のことについて、確認をしましょう。

- ・好きな物が食べられません
- ・お酒が飲めません
- ・タバコが吸えません
- ・好きな時にテレビが見られません
- ・外出できません
- ・ゲームができません
- ・家族や恋人と離れなければなりません
- ・知らない人と一緒に生活します

　刑務所に入ると、好きなことができなくなることがわかりましたね。今日のワークを忘れないようにしましょう。

3 悪いことを何度もするとどうなるの (ルールブック 45 頁)

目 的

● 悪いことを何回も繰り返すと、どんどん罪が重くなり、重い刑罰を受けることを知る

悪いことを何度もした場合、どうなるか

　裁判で有罪になっても、法律で定められた刑罰の上限に近い罰を受けることはほとんどありません。実際には、万引きや放置自転車の持ち去り等の軽微な犯罪と思われるものは、逮捕されるだけで釈放されたり、時には警察で注意されるだけで帰されることもあります。

　ですが、こうした犯罪を繰り返していると、反省していないとみなされ、結果として重大な犯罪を起こしたのと同じかそれ以上に厳しい罰を受けることがあります。例えばコンビニで数百円の商品を万引きしたような場合でも、過去に何度も万引きをしていたような場合には何年間も刑務所に入らなければならなくなるようなケースです。現在、日本の刑務所には、このような比較的軽微な犯罪を繰り返し、刑務所への出入りを繰り返している人が大勢います。その中には、障がいのある人や高齢者がとても多いと言われています。

　犯罪をそもそも起こさないことはもちろん、たとえ起こしてしまった場合でも、繰り返さないように意識してもらうことが重要です。

このパートの使い方

　実際に、ささいなトラブルを繰り返している人に対してワークを実施する場合に使用して下さい。

悪いことを何度もするとどうなるの

説明例

> 犯罪を繰り返していくと、だんだん罰は厳しくなっていきます。何度も繰り返すことで、この人は反省していないと思われるからです。悪いことを何度も繰り返さないようにしましょう。

（以下の説明は少し複雑なので、必要に応じて使って下さい）

　実際、万引きを一度してしまっただけでは、すぐに刑務所に入ることは多くはないかもしれません。

　はじめて万引きをしてしまった場合は、警察で話を聞かれてそれで終わりということもあります。

　では、また万引きをしてしまった時はどうでしょうか。次の時は、逮捕され、取調べを受け、検察官から注意をされて終わりということがありえます。

　さらに、万引きをしてしまったらどうでしょうか。何度も万引きをしていると、裁判になります。裁判も、１回目は執行猶予といって、今回だけは刑務所に行かないでよいという判決が出されて終わるかもしれません。執行猶予は、決められた期間悪いことをしなければ、今回本当は刑務所に行くはずの期間をなしにしましょうというものです。

同じ悪いことを何度もすると
罰がどんどん重くなります

　さらに万引きをしてしまったらどうでしょうか。この場合は、警察に逮捕され、最終的には刑務所に入らなければならない判決になることがほとんどです。先ほどお話した、執行猶予の間に万引きをしてしまった場合には、前回の裁判で決まっていた、刑務所に行くはずだった期間も合わせて、刑務所に入らなければなりません。何年もの、とても長い期間になります。

　このように、一回目であれば刑務所にいかなくて済むことがあっても、何度も繰り返していくことで、どんどん長い間、刑務所に入っていなければならなくなるのです。

ご注文は、エンパワメント研究所にて承ります。
・エンパワメント研究所：

この本は、日本産業パートナーズ株式会社のご協力により作成しました。
売り上げは「共生社会を創る愛の基金」に寄付されます。

> 「共生社会を創る愛の基金」は、元厚生事務次官・村木厚子さんが「郵便不正冤罪事件」で得た国家賠償金を基に2012年に立ち上げられました。犯罪を繰り返している障がい者や、障がいがあるために十分な取り調べや裁判を受けられない「罪に問われた障がい者」への支援の充実を目指し、助成事業・研究事業・広報活動に取り組んでいます。

「暮らしのルールブック」の使い方
～ともに学ぼう、楽しく生きていくために守ること～

発行	社会福祉法人　南高愛隣会
	共生社会を創る愛の基金
	理事長　田島光浩
	〒854-0001　長崎県諫早市福田町357-15
	TEL　　　0957-24-3600（代）
	E-mail　unzen@airinkai.or.jp
	URL　　　http://www.airinkai.or.jp
	Facebook　https://www.facebook.com/nankouairinkai/
発売	エンパワメント研究所
	〒201-0015　東京都狛江市猪方3-40-28　スペース96内
	TEL／FAX　　03-6892-9600
URL	https://www.space96.com
E-mail	qwk01077@nifty.com
編　集	出版・編集工房 池田企画
イラスト	あべまれこ
発行日	2021年4月15日

ISBN978-4-907576-57-8　C3036

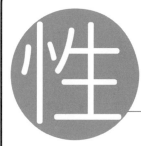

性 知的・発達障がいのある人が に関する対人関係を学ぶ本

著：宮原春美、社会福祉法人 南高愛隣会 からだ探検隊実行委員会
監修：長崎大学名誉教授　宮原春美

知的障がい者の職業訓練校で、長年にわたり実施されてきた「性を中心にした対人関係教育プログラム」の実施方法をまとめました。実施者用の教本と参加者の学習用のテキストをセットでご利用いただけます。

からだと心のマナーブック
レッツ!! からだ探検隊

Let's!! からだ探検隊
～障がい児・者のための性に関する対人関係教育プログラム～

当事者用テキスト

障がいのある方当事者の学習用のテキスト
B5判／38頁
定価 500円（税込）

お申込ページ

実施者用の教本

対人関係教育プログラムの教材や必要なシナリオを掲載した実施者用の教本。
A4判／112頁
定価 1,700円（税別）

お申込ページ

【目次（共通）】

第1章
すてきな大人って？

第2章
恋するキモチって？

第3章
すてきな大人のマナー

第4章
大人が知っておきたいこと

発行：社会福祉法人南高愛隣会
発売：エンパワメント研究所

お申し込みは下記へ

エンパワメント研究所　〒201-0015　東京都狛江市猪方3-40-28 スペース96内　　▶　お申込
TEL　03-6892-9600　Email:qwk01077@nifty.com　　　　FAX03-6892-9600

法人・団体名		注文数	レッツ!! からだ探検隊		冊
住所			からだと心のマナーブック 1冊　　　ご注文　　　合計		
			2部セット × 冊 = 部		
ふりがな 氏名		TEL			
E-mail		FAX			

■ご注文方法：上記にご希望冊数と送付先をご記入の上、ファックスでお送りください。
■お電話・メール・ホームページからのご注文も可能です。
■発送手数料：お買い上げ金額が 10,000円以上の場合は無料。10,000円未満の場合は、地域・冊数によらず一律 500円。
■公費購入：公費購入に伴う必要書類作成、銀行振り込みも対応可能です。※振込手数料はお客様のご負担になります。

病気やケガが絶えない・・・
成人病や生活習慣病に備えたい・・・

他人の物を壊してしまった・・・

このようなお困り事に
心当たりがある方に・・・

虐待・雇用現場での差別など
人に相談しにくい悩みがある・・・

障がいのある方とそのご家族へ

ぜんちの
あんしん保険

少額短期健康総合保険（無告知型）2019年創設

・最高日額1万円
・個人賠償責任補償
・弁護士費用補償
・安心サポート

知的障がい・
発達障がい、ダウン症、
てんかんのある方、
ご家族に

弁護士が
全面的に
サポート

特別支援教育を必要とされている方へ

ぜんちの
こども傷害保険

権利擁護補償付傷害保険 2019年創設

・入院・通院を日額保障
・個人賠償責任補償
・トラブルに巻き込まれた際、
　弁護士がサポート

※ご契約にあたっては必ず「ご契約に際しての重要事項」「約款」東京海上日動の「重要事項説明書」をよくお読み
　ください。ご不明な点等がある場合には、ぜんち共済株式会社までお問い合わせください。

詳しい資料のご請求・お問合せはこちら

0120-322-150

平日9時〜17時/土日・祝日・年末年始を除く
URL:http://www.z-kyosai.com/

 ぜんち共済株式会社
関東財務局長（少額短期保険）第14号

【2019年12月作成 18-T06643】